EL INTÉRPRETE Y LA MÚSICA

MONIQUE DESCHAUSSÉES

EL INTÉRPRETE
Y LA MÚSICA

Sexta edición

EDICIONES RIALP
MADRID

Título original: *la musique et la vie*

© 1988 Buchet/Chastel, París
© 2024 de la versión española realizada por Rita Torràs
  by EDICIONES RIALP, S. A.,
  Manuel Uribe 13-15 - 28033 Madrid
  (www.rialp.com)

Primera edición: 1988
Sexta edición: 2024

ISBN: 978-84-321-6841-3
ISNI: 0000 0001 0725 313X
Depósito legal: M-15807-2024
Impreso en Estilo Estugraf, S.L. Ciempozuelos (Madrid)

ÍNDICE

INTRODUCCIÓN:
LA MÚSICA Y LA VIDA

MÚSICA Y VIDA: dos palabras mágicas, cargadas de sentido y llamadas, evidentemente, a marchar unidas. Pero, ¿qué puede significar tal unión? ¿Cuál puede ser nuestra perpectiva cuando nos acercamos a un nuevo milenio, en una época que ha sido testigo del desarrollo vertiginoso de la ciencia y de las técnicas más avanzadas, y que nos pone por delante horizontes tan ricos de promesas como abarrotados de peligros?

¿Cómo incide, cómo alienta la vida en la música?

La abundancia de conciertos, la proliferación de intérpretes, el increíble perfeccionamiento de la técnica instrumental y el éxito espectacular del disco, ¿han prestado realmente un servicio a la música o, por el contrario, la han alejado de sus fuentes humanas y espirituales?

Es una pregunta susceptible de discusión. Desde luego, no cabe duda de que, en el plano internacional, estamos asistiendo a ejecuciones de una calidad rayana en la perfección; y nunca fue tan alto el nivel de los intérpretes: técnica infalible, maestría en el manejo de los instrumentos, solistas con nervios de acero. Todas las limitaciones parecen haber retrocedido, a veces hasta más allá de lo imaginable.

Los solistas, a imitación de los deportistas más famosos, pueden aceptar conciertos con absoluto desprecio de las diferencias horarias o de bruscos cambios de clima y de costumbres que podrían alterar su equilibrio de acuerdo con las más elementales leyes naturales. Estamos en presencia de grandes virtuosos, pero ¿son grandes artistas, grandes intérpretes? ¿Asistimos a simples **ejecuciones** o a verdaderas interpretaciones?

No perderé el tiempo refiriéndome a esas ejecuciones-destrozo que se cobijan en una desacertada acepción de la palabra *ejecutar;* aunque numerosas, no hay que concederles demasiada importancia. Aludiré más bien a ejecuciones aparentemente perfectas que constituyen, en verdad, excelentes realizaciones técnicas: el exacto decir de los fraseos, la belleza de las sonoridades, su limpia arquitectura imponen y fuerzan nuestra admiración. Parece que no falta nada y, sin embargo, ¿por qué esa admiración se queda en el lindero de una cierta frialdad? ¿Por qué no nos sentimos incorporados? ¿Por qué no participamos en lo que tendría que ser una profunda recreación, la celebración de un misterio?

¿No será, sencillamente, porque no hay *vida* y porque el *espíritu* no acaba de vivificar la *letra*?

La manera de tocar del instrumentista es perfecta, tan perfecta que se vuelve aséptica, sin microbios; pero... ¡los microbios también forman parte de la vida! A pesar de los progresos de la medicina, el ser humano permanece vulnerable. ¿Por qué los progresos de la técnica instrumental se han permitido aniquilar la vulnerabilidad que hay en un intérprete: su calidad humana, su sensibilidad, su receptividad al mundo creado?

¿Por qué la mayor parte de las interpretaciones actuales no hacen más referencias al lenguaje del corazón? ¿Son víctimas los músicos de una época invadida por la tecnología y se han visto oscurecidos por ella? ¿Sucumben los compositores a las seducciones de una búsqueda pura excluyendo a menudo la expresión sensible?

Ciertamente, la técnica es indispensable, preciosa; todo el mundo valora el hecho de atravesar el Atlántico Norte en seis horas de vuelo y tiene puesta su esperanza en la evolución de la medicina. Por sus indiscutibles aportaciones, la técnica podría servir al hombre en lugar de esclavizarlo. En tales condiciones, lo natural sería que los instrumentistas utilizaran inteligentemente esos formidables hallazgos, sin olvidar por ello la esencia misma de la música, que consiste en expresar... lo inexpresable.

La perfección técnica es condición necesaria de toda gran interpretación y en ningún caso debe fallar, antes al contrario: proporciona esa seguridad sin la que la vida no podría vivirse en plenitud. ¿Qué ocurre en nuestra existencia ordinaria? El miedo, la pérdida de seguridad por parte del ser humano le impide su cabal expresión, dar la medida completa de su capacidad. Se trata de una dimensión que es tan indispensable en la música como en la vida.

La técnica tiene por objeto liberar al intérprete de todo problema material, de todo temor, pero en lugar de afirmarse en detrimento de la música, debería favorecer la expresión de vida. Corvirtiéndose entonces en plataforma creativa dejaría de ser un fin en sí misma, para ser un simple medio de seguridad permitiendo su despliegue, y la música saldría engrandecida, magnificada y no alterada en su misma fuente.

Ciertos intérpretes en posesión de una inmensa técnica no traicionan por eso el lenguaje del corazón y del alma. Afortunadamente quedan todavía algunos, pero se hallan en vías de extinción comparados con los artistas que había, por ejemplo, hace cuarenta años.

En lo que concierne a los pianistas, el balance es elocuente: miles de entre ellos, de muy alto nivel técnico, pueden actualmente dominar el mundo por el mero hecho de ser inmensamente virtuosos e intachables profesionales. Pero entre ellos ¿cuántos son verdaderos artistas? ¿Cuántos maestros? Sin duda no muchos más que a principio de siglo... y sin embargo su número se ha centuplicado.

Pero en otros tiempos, la ilusión por la técnica no era imaginable; los que hacían carrera eran ante todo músicos, artistas que tenían mucho que transmitir y lo hacían por vocación, lo que no es, ciertamente, el caso de hoy: en la actualidad la mayor parte de los instrumentistas se encuentran en posesión de una técnica que sobrepasa con creces todo lo que tienen que decir. Decenios atrás, la técnica permitía a los grandes maestros expresarse con naturalidad, sin más: ni entraba en competencia con el intérprete ni constituía un fin en sí misma. Todavía no había tenido lugar la confusión entre el deporte y el arte; la música continuaba siendo fuente y expresión de vida.

Sería impensable quedarse anclados en el pretérito, como sería una aberración no aprovechar todo lo que entraña de positivo la evolución técnica. ¿Pero por qué no compaginar la técnica del año 2000 con la herencia que nos han dejado los grandes maestros? Tenemos un tesoro entre las manos: no lo enterremos. Que el artista se una al virtuoso para alcanzar las más altas cimas.

En la época de los sintetizadores y de los ordenadores, ¿qué lugar puede ocupar el artista y, en particular, el intérprete? ¿Qué valor conserva una partitura escrita por la mano de un

11

hombre? ¿Cómo encontrar y transmitir la vida en su esencia pura, esta vida omnipresente en una partitura, desde sus aspectos más instintivos hasta sus vibraciones más imponderables?

Descubramos que la *música* y la *vida,* en una unión sagrada, son portadoras de belleza y de esperanza para un mundo que puede bascular entre la luz o la nada.

1

LA MÚSICA Y LA VIDA

Estas dos palabras, música y vida, parecen poseer un poder ilimitado. Evocarlas con nuestras pobres palabras es arriesgarse a traicionar su dimensión; pero puesto que este libro les concierne directamente, nos atrevemos a plantear estas dos preguntas: *¿Qué es la vida? ¿Qué es la música?*, aunque siempre desde una actitud de permanente humildad respecto a la relatividad de las respuestas, porque bien se sabe que no es posible encerrar el infinito en un lenguaje preciso y limitado.

Incluso antes de intentar la contestación a tales cuestiones hemos de dejar bien sentado que tanto la vida como la música son, ante todo, un misterio, y que todo misterio lleva en sí algo inefable; somos, pues, conscientes de la inmensa tarea que nos aguarda.

En una primera aproximación, ¿se podría afirmar que la música y la vida son *creaciones*?

Una creación tiene múltiples facetas, que van del estado más simple al más evolucionado. La vida se manifiesta tanto en formas unicelulares como en las de seres de gran complejidad; la música nos habla tanto a través de un lenguaje primitivo como a través de partituras extremadamente elaboradas. Toda una gama progresiva está contenida en cada una de ellas, desde los orígenes hasta un futuro posible aún desconocido.

En principio, pues, la *vida* es *creación*, sea cósmica, humana, animal, vegetal, y esta creación está en *movimiento*.

Dicho *movimiento* se expresa por *ritmos*, en el tiempo y en el espacio: ritmo de revoluciones planetarias, de la evolución de las especies, de los ciclos de la vida, de las estaciones, de los días y las noches, ritmo de un corazón que late, de pulmones que respiran..., ritmo de la vida cotidiana... La enumeración puede ser infinita, ya que toda la vida está regida por ritmos.

En su esencia misma, la música, ¿no es también movimiento y ritmo? ¿No es en el ritmo donde ella ha nacido? Sólo basta que un ser humano se sirva de sus propias manos o de un bastón y golpee sobre un objeto de madera, de piel o de metal, para que aparezca la música, en sus primeros rudimentos.

Heinrich Neuhaus decía que si existiera una biblia de los músicos, sin duda se abriría con esta frase:

«En el principio fue el ritmo.»

El ritmo constituye en efecto la vida primitiva, visceral, instintiva de la música. Responde a una necesidad fundamental del hombre, impresionándole en sus fibras más esenciales.

¿Por qué un motivo rítmico incansablemente repetido (como sucede, por ejemplo, en la música oriental) ejerce el poder de una droga? ¿Por qué los ritmos de un tam-tam surgiendo del susurro del bosque africano pueden hacer entrar en trance? Tanto es así que uno de los más grandes percusionistas tradicionales africanos, Ghanaba, trastorna auditorías de miles de personas reduciendo a ritmos puros algunas de las más célebres partituras clásicas. Por sorprendente que pueda parecer esta opción, ello prueba que una obra musical despojada de todos sus elementos a excepción del ritmo mantiene una fuerza emocional.

Al analizar una partitura, nos fijaremos en el papel primordial que desempeña el ritmo: él es el pulso de la vida. Los niños negros tienen un sentido asombroso del ritmo. ¿Será por el hecho de que sus madres los llevan a la espalda mientras trabajan? Desde el nacimiento, se les ha habituado a vivir al ritmo de los pasos, de los gestos de la vida cotidiana; absorbiendo el movimiento. ¡Esos niños bailan desde que son capaces de tenerse en pie!

Es fascinante comprobar hasta qué punto la música, en su aspecto rítmico, es parte integrante de la vida. Y resulta sorprendente constatar cómo nuestros bebés, en cambio, muellemente paseados en cochecitos de niños —y alejados así de un ritmo vital— carecen de ese sentido innato.

Otro elemento pertenece a la esencia misma de la música: la VOZ, el CANTO. ¿Qué sucede en la vida? Un niño balbucea, utiliza su voz mucho antes de saber hablar. La voz es el elemento más natural con que se nos ha dotado, ya que se da con la vida y forma parte de nosotros. De la voz al canto no hay más que un paso que cruzar para que la música se nos meta dentro. Si queremos convertir un niño en músico, hagámosle cantar.

La capacidad de cantar con un instrumento distingue al verdadero artista del simple instrumentista, en especial en el caso de los pianistas, puesto que el piano ofrece generosamente los resortes para cantar. La vuelta al canto es indispensable si se quiere beber en el manantial mismo de la música.

Gracias al ritmo y al canto, el ser más primitivo de una tribu alejada de cualquier civilización puede hacer música. Los cantos de los pigmeos son alucinantes, los ritmos africanos no lo son menos. Los poblados menos evolucionados son eminentemente sensibles a la música, aun cuando lo sean menos a la escultura y prácticamente nada a la pintura. Podemos calibrar así hasta qué punto la música es el arte más cercano a la vida, por no decir que es el arte de la vida misma. El paralelismo entre música y vida es tan evidente que se han fusionado una con otra desde sus orígenes. Los Vedas —que se encuentran entre los más antiguos de los textos conocidos— hacen nacer el cosmos de la disposición de los sonidos.

Aparte del ritmo y del canto, me referiré luego al resto de los elementos que hacen de la música la expresión de la misma vida. La evolución del lenguaje musical no ha alterado ni un ápice sus componente vitales. Podremos ver que:

— La respiración de la música, igual que la del hombre, alterna inspiración y espiración.
— La forma musical no es otra cosa que el marco elegido por el compositor para expresarse.
— El «tiempo» se corresponde con los ritmos humanos y con el tiempo de desplazamiento en la vida.
— El estilo es el eco de una época y de la personalidad de un compositor en el contexto de esta época.

Descubriremos el latido de una partitura bajo estos aspectos:

— Vida física, instintiva, primordial.
— Vida sensible, psíquica, espiritual.
— Vida cotidiana, imaginativa y siempre renovada.

15

Y en lo que hace al intérprete, verificaremos la importancia del *encuentro* que pone al hombre en contacto con el hombre, pero también con algo más grande que él. ¿No es evidente la analogía con la vida? ¿Qué sería la vida del hombre si no estuviera orientada hacia el encuentro?

La música procede del corazón y al corazón se dirige; es el lenguaje del alma, de lo que escapa a la razón. Es justamente en el alma donde Platón situaba el centro del ritmo y de la armonía. La esencia de la música no es ni cerebral ni intelectual. Su poder de expresión ¿no comienza cuando se callan las funciones racionales del cerebro?

Algunas veces hemos oído hablar del papel que juegan los dos hemisferios cerebrales: el derecho representaría la intuición, la imaginación, la creatividad, lo irracional; el izquierdo tendría a su cargo la estructura, la organización, lo racional, lo concreto. Todo ello, por supuesto, en un plano ciertamente esquemático. Es realmente importante que todo ser humano tenga equilibrados sus dos hemisferios cerebrales. Un predominio exagerado del hemisferio izquierdo le privaría de la creatividad e imaginación y le haría vivir en una seguridad ciertamente apreciable pero muy molesta... Por el contrario, un hemisferio derecho, omnipresente y no sostenido por el izquierdo podría hacerle caer en un desequilibrio inconfortable. De ahí que un genio que carezca de ese equilibrio sea, con gran frecuencia, insoportable. Parece como si le resultara insufrible asumir un talento demasiado grande para él y vive, como un funámbulo, en un equilibrio inestable y peligroso que puede provocar su caída en cualquier momento. La parte derecha del cerebro, que es fuente de tantas cosas buenas, puede generar también malestar y dificultades.

Muchos artistas están desequilibrados. ¿No es esto lógico si ellos no tienen fuerza suficiente para soportar su visión interior? Este desequilibrio puede incluso caer en la patología: Schumann, Van Gogh, Camille Claudel pagaron muy cara su genialidad: son ejemplos impresionantes de genios desequilibrados. Por el contrario, otros más equilibrados han sabido expresar su mundo imaginario por medio de un orden bien estructurado.

Como quiera que sea, el poder mágico de la música viene sin duda de esta dimensión que escapa a la razón.

¡Cuál no sería mi estupefacción cuando, en un rincón de la selva africana, jóvenes negros permanecían maravillados escuchando *lieder* de Schubert! Pero reflexionando, mi asombro fue decreciendo al pensar que ellos no se regían por el cerebro; viven por instinto, captan. El hemisferio derecho de su cerebro tiene prioridad sobre el izquierdo y ¿quién mejor que Schubert utiliza el lenguaje del corazón en estado puro? Si existe una música que puede simbolizar el hemisferio derecho del cerebro es, sin duda, la de Schubert.

¿Por qué la música de Mozart tiene un poder tan penetrante sobre los humanos, pero también sobre el mundo animal y vegetal? Se sabe que ella hace producir más leche a las vacas y poner más huevos a las gallinas. Y que en algunos invernaderos es utilizada para acelerar el crecimiento de las plantas. No es ése el objetivo de este libro, pero la música ¿tendría efectos vitales sobre el mundo creado si no estuviera tan cerca de la vida? Aristóteles atribuía a la música el poder de formar el carácter.

Cuando abordamos el terreno de la creatividad, el paralelismo entre la música y la vida aparece sobrecogedor. La vida es, en efecto, una antinomia entre una evolución lineal y ciclos repetitivos; el uso regular de los mismos gestos, las repeticiones constantes pueden crear hábito. Ahora bien, la costumbre es a menudo sinónimo de muerte; dos seres que viven juntos por costumbre pueden no tener grandes cosas que intercambiar: sólo el aburrimiento de una vida cotidiana desprovista de novedades. La costumbre puede aniquilar el amor, la disponibilidad respecto al otro, la apertura a lo imprevisto.

A través de esos datos que se repiten, ¿no debemos hacer de nuestra vida una creación? ¿No se sitúa la evolución justamente más allá de este círculo cotidiano? Con la creatividad que la vida nos propone tenemos el deber de hacer de nuestra existencia una obra de arte y, con este fin, rechazar el hábito que genera aburrimiento y aislamientos estériles.

La vida es, a la vez, rutinaria y cambiante

La música parece ser su perfecto reflejo. Porque ¿en qué consiste la labor de un intérprete —en su fase inicial— sino en esa constante vuelta a los mismos gestos, en la repetición de fórmulas que, aunque parezcan inútiles, tienen la misión de conducir a una visión creativa? Jamás debería el trabajo repetitivo agobiar o asfixiar al artista, sino todo lo contrario: hacerle posible la creación. Un artista es, por vocación, un ser de amor y de fe, para el amor y para la fe; no puede aceptar, por tanto, menos que nadie, la rutina que mata o desvirtúa.

Una vida sin sorpresas, sin imaginación, sin creatividad, es una verdadera pesadilla más o menos adobada, una interpretación que los ignore se convierte en letra muerta, vacía de sentido.

Y llegamos a una pregunta fundamental: una gran interpretación ¿no sería una especie de mutación, en el sentido genético del término?

En el campo de la ciencia, unos han explicado —de acuerdo con la idea de la evolución— una permanente movilidad de las especies, que siempre estarían cambiando para acomodarse al clima y al resto de los condicionantes del medio y de su circunstancia. Otros investigadores, por el contrario, afirman que la naturaleza se mueve y avanza mediante *saltos:* llegada a cierto nivel de sofisticación la especie, saltaría necesariamente para pasar a un estado más evolucionado, más perfecto; se daría, pues, una mutación.

En la evolución de una especie, tales saltos se producen de una manera fortuita, involuntaria: se opera un fenómeno inexplicable que para muchos tiene una motivación divina y que para otros permanece en las sombras de lo desconocido en espera de una clarificación científica.

¿Qué sucede en la música? Un instrumentista trabaja todas las técnicas posibles, yendo de la armonía al análisis y a la expresión de una obra por medios físicos, sin dejar nada oculto, para pasar luego a la fase superior de la re-crea-ción, de tratar de expresar lo inefable. En ese momento tiene lugar una mutación de naturaleza psíquica o espiritual y se produce el *salto.* A fuerza de trabajo y de voluntad, el artista logra llegar a un punto sin retorno. Si se queda ahí, hará una correcta ejecución del texto, sin otra característica que la de haber conseguido una realización material desprovista de interés. Pero si no se conforma con pararse en ese punto, se opera entonces el milagro, esa suerte de vendaval interior que empuja hacia una dimensión superior y convierte la interpretación en una verdadera re-creación viva y hasta fascinante con frecuencia.

Lo mismo podría decirse de los compositores y de todos los grandes creadores. Lo que serviría para reforzar la idea de que la auténtica creación surge cuando dejan de actuar el trabajo y la voluntad, porque este fenómeno no depende de la voluntad. Una vez que el artista ha terminado su personal esfuerzo, se siente invadido por una fuerza que, sin que él pueda hacer nada, le rebasa y le trasciende: es lo que se suele llamar «inspiración».

Brahms, evocando el estado de su espíritu cuando componía, confiesa:

> «La fuerza de la que los grandes compositores —como, por ejemplo, Mozart, Schubert, Bach y Beethoven— han sacado su inspiración es la misma que permitió a Jesucristo realizar sus milagros. Es la fuerza que nosotros llamamos Dios, Todopoderoso, Divinidad, Creador, etc. Schubert le llamaba la Omnipotencia.»

Es difícil describir la dimensión metafísica de la música. Dejo de nuevo la palabra a Brahms, que nos confía:

> «Cuando caigo en ese estado parecido al ensueño, flotando, entre el sueño y la vigilia, es como si me quedara extasiado. Estoy consciente pero a punto de perder el conocimiento. En tales momentos me brotan y fluyen las ideas inspiradas.»

Brahms creía en la existencia del Espíritu, una fuerza ajena al hombre pero se vale del artista para expresarse.

En la inspiración del artista, a Sócrates le gustaba distinguir entre «daïmôn», genio propio del hombre, y el «entusiasmo», energía exterior de origen divino.

Ahí nos percatamos de cómo la creación musical escapa al intelecto, a lo meramente cerebral, para hablarnos de un mundo cósmico, universal. Sin esos *saltos* no pueden aparecer las grandes obras maestras ni las grandes interpretaciones.

Toda vida humana tiende a experimentar tales saltos en lo desconocido. Muchos, ciertamente, prefieren mantenerse en una situación cómoda que apenas les satisface antes que lanzarse con confianza hacia lo desconocido que puede colmarles de todo. Para ellos, la palabra «desconocido» es sinónimo de incertidumbre; optan por aferrarse a lo concreto, inmediato y limitado, en lugar de abrirse por otra parte a un horizonte preñado de misterio pero cargado también de promesas y realizaciones. Hace falta valentía para liberarse de lo conocido, para desasirse de las actitudes cómodas, pero las evoluciones importantes pasan inevitablemente por los *saltos*, igual que las interpretaciones notables: a una técnica sobresaliente debe incorporarse el riesgo, como reza el refrán popular nacido de la experiencia de la vida como testimonio de verdad: «Quien nada arriesga nada consigue».

El riesgo debería incitarnos a familiarizarnos más con estos *saltos* que nos permiten alcanzar cada vez escalones más altos en nuestra trayectoria como hombres y como artistas.

2
EL INTÉRPRETE
FRENTE A SÍ MISMO

*«No temas avanzar lentamente,
ten sólo miedo a detenerte.»*

(Proverbio chino.)

Ante la inmensa tarea que aguarda al intérprete, podemos llegar a preguntarnos quién le inspira, quién se esconde detrás de él. ¿Ha concluido realmente su camino? ¿Está preparado para vivir su vida de intérprete?

Pero antes de analizar su itinerario, planteemos las cuestiones obligadas: ¿Qué es un intérprete? ¿Quién debe serlo? ¿Cuál es su misión? ¿Qué fuentes profundas le motivan?

En el sentido etimológico del término —*inter-prestare*—, el intérprete, por su propia definición, es un vínculo, un intermediario, un transmisor. Su misión consiste en hacer inteligible un texto que, sin él, sería letra muerta. Los traductores-intérpretes nos permiten comprender una lengua desconocida, extraña. La palabra expresa claramente lo que quiere decir: son, pues, lazos indispensables para la comunicación.

En música, el intérprete tendrá que ponernos en relación con el compositor por medio de sus partituras, es decir, deberá devolver la vida a los signos que son el lenguaje cifrado de un psiquismo humano. Serán indispensables grandes conocimientos para esta recreación; más adelante lo veremos y analizaremos en detalle el desciframiento de esos signos.

Mas ¿qué valor tendrá ese saber y esos conocimientos si el intérprete no los vive profundamente y no llega a encarnarlos?

Estamos aquí ante el gran misterio de la música, ante un arte inmaterial e inefable.

La partitura más bella del mundo puede permanecer muerta en el rincón de una biblioteca en espera de que un intérprete le devuelva a la vida. Pero aunque renazca, ¿no lo hará de una manera efímera, fugitiva? En algún momento de nuestra existencia hemos podido quedar impresionados por una interpretación sublime que nunca más volveremos a oír con tan extraordinaria calidad. Sin embargo, la música no deja de ser eterna por el hecho de que deje de percibirse: es eterna desde el instante en que se escribió, como perdurable es el hombre; y es fugitiva su interpretación como lo es la existencia de todo ser que nace, vive y muere. ¡Qué sorprendente analogía entre la música y la vida!

¿No estará ahí la diferencia esencial entre la música y el resto de las artes, en que éstas se muestran accesibles a otros sentidos aparte del alma? ¿No radicará en eso, acaso, su superioridad espiritual haciéndonos calibrar mejor el tiempo humano respecto a la eternidad?

Si deseo ver el Partenón, no tengo más que subir a la Acrópolis y allí lo encontraré, siempre presente y siempre el mismo, aunque el juego de las luces incidiendo sobre las piedras lo renueven incesantemente y aunque lo contemple desde perspectivas diversas.

¿Siento la necesidad de volver a ver determinados Rembrandt que me impresionaron en mi juventud? No tengo más que visitar los museos de Londres o de Amsterdam.

Un texto literario, una obra teatral me serán a veces más comprensibles interpretadas por el talento de unos grandes actores... Pero, a pesar de ello, me bastará con saber leer para penetrar en sus páginas y reproducir su contenido según mi propia imaginación.

En cambio, si abro una partitura sin haber estudiado y aprendido música, me toparé con un absoluto silencio transido de algo desconocido y vacío.

No nos hace falta intermediario alguno para establecer comunicación con un cuadro, con una forma arquitectónica, con un texto literario si está escrito en lengua conocida. El intérprete, sin embargo, se hace indispensable para poder penetrar en el misterio impalpable del lenguaje musical y transformar el silencio que envuelve una partitura en una fuente sonora y expresiva. Es, pues, el intérprete el depositario absoluto de esta vida que brotará e irradiará de allí o que no llegará a nacer. ¡Qué magnífica y colosal misión!

Por supuesto, el intérprete deberá adoptar siempre una actitud humilde ante el compositor, reconociéndole como creador que es. Debe aquél comprender su papel y aceptar que sirve a alguien que es más grande que él: pero ser re-creador, engendrar nuevamente la vida de una partitura, exige unas facultades inmensas y ese *don privilegiado de la acogida,* de la recepción, de la comprensión de la obra, que transforma en comunión el conocimiento. Sólo cuando se opera en el intérprete esta comunión puede llevar al auditorio a conectar con el misterio vivo de la música.

El don de la comunión

Esa gracia privilegiada de la acogida, de la compenetración, ¿es innata?, ¿se adquiere? A pesar de que se trate de dos puntos de partida antitéticos, yo respondería afirmativamente a las dos preguntas.

INNATO, sin duda alguna. ¿No es un don de receptividad esta maravillosa intuición de la música que poseen los niños? Sin preguntar nada, sin reflexionar, sin un profundo conocimiento del lenguaje musical, ellos tocan y cantan de manera luminosa y con una simplicidad tan evidente que llega al corazón. ¿Será eso la música? ¡Por qué no! Los niños viven en un mundo de fantasía, de imaginación; tienen el sentido del juego, de lo imprevisto, del momento presente, y no conocen aún el precio del tiempo ni de las obligaciones que insensiblemente puede acabar con la vida creadora. CAPTAN; y la música encuentra ahí el terreno ideal para encarnarse en su sencillez.

Pero ¿por qué desaparece el instinto cuando el niño crece, se hace consciente y traspasa la etapa peligrosa que separa al adolescente del adulto? ¿Por qué los más dotados son presa de la duda y la angustia, arrastrando toda su vida el recuerdo de lo que expresan cuando eran niños o adolescentes? ¿Por qué se alinean en la mediocridad, o bien, decepcionados, abandonan la música? ¿Por qué no llegan a ser obligatoriamente grandes artistas y maestros dominadores de una época?

¿No aparece aquí, otra vez, un impresionante paralelismo entre la música y la vida?

Aunque innato, este don privilegiado puede también ser ADQUIRIDO y debe y puede evolucionar y manifestarse en otra forma, incluyendo la toma de conciencia, el conocimiento, la cultura y todo cuanto pone al artista en armonía con el hombre convertido en adulto

Un ser humano pasa por todas las etapas de desarrollo físico, mental, psíquico y espiritual, hasta convertirse en un hombre; necesitará una larga evolución si no quiere parecerse a un vegetal o quedarse anclado en la niñez.

El camino del intérprete es idéntico y debe cumplir la ley natural de transfigurar los dones de su infancia: su potencial se hace realidad. La toma de conciencia transforma las facilidades en seguridad y así expulsa la duda y la angustia. La primera intuición queda intacta, pero recibe la llamada para seguir la mutación que se opera entre el niño y el adulto para acceder a una luminosa receptividad. Una receptividad que no debe, bajo ningún pretexto, alterar las sucesivas etapas de toma de conciencia, de búsqueda de conocimiento y de la natural evolución.

El saber, en el plano humano, al igual que la técnica instrumental y el conocimiento del lenguaje musical en el plano profesional, es solamente un trampolín para liberar las facultades superiores del ser humano y su poder creativo.

La receptividad es una de estas facultades superiores

Como si de una antena humana se tratara, ella nos permite captar y conectar con ese mundo invisible que nos sobrepasa, en el que la música es su más bella expresión.

¿Podría ser la receptividad la forma más desarrollada de la intuición, en su mas alto grado de madurez?

Ella es la que proporcionará al artista el poder de percibir, de captar, de comprender al compositor hasta en sus más recónditos secretos, de volver a hallar la esencia misma de una partitura en lo hondo de su espíritu, más allá y por encima de la «letra», pasando así del estudio del SABER al del CONOCIMIENTO.

Una despierta receptividad capaz de captar lo inefable hace del gran intérprete un SER-FRONTERA situado en el límite entre el mundo visible y el invisible, tangible e inmaterial, humano y cósmico, presente e intemporal. Y debido a esta privilegiada situación estará en disposición de realizar su verdadera misión de poner en comunicación lo humano y lo espiritual, de servir de lazo entre las fuerzas de la creación y los seres creados.

La receptividad

Pero ¿cómo adquirir dicha receptividad? ¿Cómo llegar a esa luminosa apertura?

¿Será, sencillamente, por una toma de conciencia del camino que han de recorrer y del trabajo que aguarda para pasar de la infancia a la edad adulta y responsable, utilizando los dones trascendidos por la evolución?

Todos nacemos con un repertorio de posibilidades, con variados recursos y con un conjunto de cualidades y de defectos que generan riqueza pero que también provocan complicaciones. Se impone, pues, una armonización si queremos transformar esa desordenada abundancia en un eficaz tesoro.

Cuanto más rico es un ser en su principio y mayores son sus posibilidades más aumenta el riesgo de verse acosado por dificultades que le provoquen problemas y conflictos. La abundancia de dones puede revolverse contra su poseedor y crear una confusión que, por desgracia, crece con la edad: no es de extrañar que personas adultas se debatan en una deplorable dispersión después de haber desperdiciado un prodigioso potencial.

Todo ser humano debe realizar una UNIDAD a partir de sus diversidades iniciales y armonizar sus contradicciones; tal es el propósito de la vida psíquica. Resolver sus propios conflictos, reconciliarse consigo mismo es la urgencia de cada vida, ya que todo conflicto absorbe la energía y dispersa e impide su realización.

Un ser demasiado pendiente de sí mismo no está en disposición de abrirse a otro, de «recibirlo» y de captarlo en su verdad. Entonces, ¿cuál ha de ser el papel de un intérprete sino el de percibir a través de una partitura al que pretende hacer revivir? ¿Cómo lo conseguirá si su «ego» es omnipresente y se impone sin ninguna consideración hacia el texto? Sólo un «ego» trascendido permite una constante evolución. Un hombre que ha realizado su unidad —una unidad rica y armoniosa en todas sus diversidades— puede irradiar en su plenitud de ser; no tiene ya nada que le preocupe y su vida es libre y sin barreras.

¡Pero cuántos equipajes debemos dejar por el camino, en las cunetas, antes de sentir que el abandono de cada uno de esos bártulos nos permite sentirnos más ligeros, para avanzar mejor! ¡Cuántas puestas a punto se necesitan! La expresión popular francesa que reza «encontrarse bien en su propia piel», ¿no refleja esta armonía que procede de los problemas resueltos y superados por fin? Una falta de armonía —sea cual sea el plano en que se sitúe— se convierte siempre en fuente de disensiones y en despilfarro de energías, y la energía es el más precioso bien otorgado al hombre. En la actualidad algunas corrientes científicas vinculan el estudio de la materia al de la energía, aventurando que, en definitiva, todo sería energía...

El mismo intérprete se halla ante un haz de energías que debe captar, ordenar y transmitir: captar las fuerzas vitales de una partitura, como veremos más adelante, y distribuir la energía sin desperdiciar nada; ni en el plano mental ni en el de los gestos físicos precisos para una ejecución natural. Todo derroche o todo exceso no sólo alteran la calidad del sonido y estropean la belleza de la interpretación, sino que pueden provocar, incluso, problemas musculares de importancia. Saber utilizar la energía es un aprendizaje indispensable en todo equilibrio.

El camino, ciertamente, puede parecer largo, pero ¡qué suponen unos jirones de vida cuando se trata de transformar los túneles en senderos luminosos abiertos a horizontes sin límites!

La música es un lenguaje de eternidad: importa que el hombre —el hombre frontera— encargado de hacerla revivir se acomode a esa otra dimensión del tiempo.

Personalidad

Ahora bien, no creemos que ese esfuerzo por eliminar el «ego» conduzca a una negación de la vida y de la personalidad. Muy al contrario: desembarazado de los aspectos negativos que lastran la evolución, el ser puede apoyarse en todo lo positivo y acceder a su verdadera personalidad, depurada al fin de escorias perjudiciales para su desarrollo. La apertura que aporta la receptividad permite un progresivo enriquecimiento en el despliegue de las facultades. Las contrariedades, las decepciones que forman parte del entramado ordinario de la vida, se darán, sin duda, pero serán fácilmente superadas y dejarán de agobiar al hombre con tensiones estériles que pueden penetrar hasta dentro del alma.

Todos los grandes artistas poseen una personalidad deslumbrante: están como poseídos por la imaginación y andan siempre en busca de nuevos universos.

Por su aguda sensibilidad captan más que los demás tanto el mundo exterior como su propio mundo interior. Pueden, por tanto, quedarse en un segundo plano ante una partitura, aunque rime ésta plenamente con su propia personalidad y se sientan identificados con ella. Y no hablamos de seres imaginarios: son personas reales, que existen, que están ahí. La voluntad de afirmar el propio yo, los impulsos de la vanidad y del orgullo no tienen más razón de ser que las de compensar a menudo debilidades, faltas de confianza, inseguridades. Ellos, los grandes artistas, no tienen ya que demostrar nada para tranquilizarse, ni a sí mismos ni a los demás; están por ello más disponibles, más dispuestos a asumir su papel sin invadir terrenos ajenos.

Bien cimentados en este sentido auténtico de la libertad, están en condiciones de servir a la música en su propia esencia, sin interferencias egotistas susceptibles de desfigurar el texto. Naturalmente, es obvio que la re-creación, por fortuna, atañe al intérprete: cuanto más conocimiento y más altura y —sobre todo— más sensibilidad y capacidad de entrega posea éste, a mayores cotas de perfección se elevará la realización de la partitura.

Un intérprete no puede generar vida si no está henchido de vida. Cuanto más pletórico y vibrante se encuentre, tanto en el aspecto humano —físico y psíquico—, como en el espiritual —metafísico y cósmico—, más capaz será de traducir y transmitir la música en todas sus dimensiones.

Un artista liberado de su «ego» que haya alcanzado ese grado de evolución humana y espiritual y sea poseedor de una receptividad alerta, podría interpretar con la misma perfección todas las partituras y tendría ante sí un anchísimo abanico de posibilidades. Porque la ocultación del yo permite captar al OTRO sin interferencias personales exageradas, y una naturaleza excepcionalmente rica brinda la ocasión de encarnar a ese OTRO con sus aspectos más complejos.

¡Utopía!, se dirá. Estamos en tiempos de cambios: ¿Por qué no aceptar la idea de un hombre consciente, por fin, de sus dones y de su trascendencia? ¿No radicaría ahí la esperanza en una evolución del intérprete cuando nos acercamos al tercer milenio? Lo que parece estar claro es que se impone un viraje, un cambio de rumbo, si queremos que las realidades vigentes —que tienen mucho más de deporte que de arte— no desfiguren el sentido mismo de la música.

André Malraux ha profetizado que «el siglo XXI será religioso o no será». Ha llegado sin duda el momento de rehabili-tar la noción de lo sagrado en el marco de una civilización materialista en exceso. Y no podemos olvidar que la música es uno de los más hermosos florones en la transmisión de lo sagrado.

Es innegable que todos tenemos compositores predilectos hacia los que nos orientan nuestras afinidades básicas: la sensibilidad, la personalidad, la manera de ser, el grado de evolución, dejando aparte las semejanzas en los campos caracterológico, morfológico, etc. Nada es más humano que eso: ignorarlo sería negar la vida y la sensibilidad. Y tales inclinaciones pueden incluso oscilar a lo largo de la vida según las exigencias de la evolución de la persona.

Al margen de cualquier esnobismo, tan implantados por desgracia en nuestros días y que fuerzan a determinadas elecciones, la mayoría de los intérpretes se especializan: ¿música barroca, romántica, contemporánea? Sin duda, al elegir, hallan el cauce para expresarse con más naturalidad y es lógico que opten por una música y por los compositores cuya sensibilidad les resulta más cercana. Esta actitud puede ser exponente de una fundamental honradez y nos pone a resguardo de traducciones, de versiones sin visión. Estos artistas a veces llegan a lo más alto, acomodando su personalidad a la del compositor hasta el extremo de conseguir una verdadera identificación; y todas las cumbres imponen silencios y respeto. Desde luego, es preferible especializarse que empeñarse en interpretar un texto que resulte completamente ajeno.

Mas esta concepción, ¿no constituye una prueba de un abuso de subjetividad? ¿No es también una muestra de la visión egotista del papel del intérprete, que rehúsa a abrirse su propio camino —tarea siempre difícil— prefiriendo instalarse en un ámbito limitado a abrirse a una evolución?

En ese punto, nos hallamos al borde del gran salto, porque es en verdad un salto inmenso lanzarse al descubrimiento de sí mismo sin saber si ese impulso hacia la luz nos tiene reservado precipitarnos en los infiernos. Se trata del más gigantesco salto que puede darse hacia lo desconocido, lo que también entraña la posibilidad de la más extraordinaria liberación.

Al transmitir la música, una falta de seguridad técnica crea barreras, pero una inseguridad psíquica es capaz de levantar muros a la comprensión y la realización del texto...

Pero en todo sistema normativo la excepción confirma la regla: entre los intérpretes atrapados en sus propios problemas, la música hace que algunos los superen, pero éstos deben contar entonces con una irregularidad imprevisible que los transforma a veces en víctimas. Una permanente dualidad enfrenta en ellos al hombre con el artista, haciendo que se vayan consumiendo poco a poco hasta acabar, con frecuencia, de manera dramática; su carrera abandona entonces la línea ascendente para derrumbarse inexorablemente.

En virtud de su sensibilidad exacerbada, es innegable que un artista vive naturalmente una trayectoria quebrada —como de dientes de sierra— pasando de las cimas himalayas a las grandes fosas submarinas del Pacífico. No hay que desearle un camino rectilíneo, llano y tranquilo —incompatible con su misma naturaleza—, pero es preciso hacer accesibles esos dientes de sierra y permitir de ese modo que su sensibilidad exprese lo que encierra de valioso y positivo. Así, lo que antes era un obstáculo podría convertirse en fuente de creación.

Sólo una tarea de unidad de la persona hace posible la armonía indispensable para la irradiación y la evolución y puede engendrar al intérprete TOTAL: el que es capaz de captar cualquier partitura, sea la que sea, y de transmitirla en toda su pureza o con su complejidad de expresión.

Si el intérprete logra esa receptividad transparente, la idea inconcebible de que pueda estar tan inspirado en las páginas de Bach o de Mozart como en las de Schumann o de Prokofiev no pone de relieve más que un imposible, pero es, sin embargo, una magnífica realidad. Kathleen Ferrier nos ha dado un ejemplo sorprendente al conmover de igual modo con un repertorio en el que pasó de Purcell a Gustav Mahler.

Por último, el mayor interés de un artista, ¿no radicaría precisamente en enriquecer su personalidad mediante la aproximación —y ulterior transmisión— a obras más alejadas de su esfera de origen, en hacer que su espíritu vibre, por la receptividad, con lo que no era innato en él?

Poner en juego lo que uno ES parece evidente. Mas jugarse lo que se puede LLEGAR A SER es quizá más excitante aún, la meta suprema de un intérprete que quiera proyectar al infinito su universo expresivo y adquirir un repertorio humano, psíquico y espiritual cada vez más desarrollado.

Motivaciones

La cuestión que se plantea ahora es: ¿por qué se escoge ser intérprete? ¿Cuáles son las razones profundas que orientan hacia esa elección? ¿Cuáles deberían ser?

La respuesta es clara porque viene dictada por el nivel de evolución al que haya llegado el intérprete. ¿En qué punto se halla de ese camino real que consiste en vincular lo creado a la creación, la tierra al cosmos, lo humano a lo universal? La escalada de valores de estas motivaciones será el reflejo exacto de las etapas del trayecto.

No nos vamos a detener en quienes se sirven de una partitura para fines personales, para hacer valer su «ego», satisfacer su vanidad e intentar auparse de modo artificioso, consiguiendo apenas el sabor de una gloria efímera. Esa clase de personas no merecen el nombre de intérpretes, puesto que lo desfiguran y lo traicionan en la raíz misma de su acepción. Se trata de simples corredores con ambiciones de llegar (de llegar ¿a dónde? Sólo ellos lo saben..., ¡porque nunca llegan a ningún sitio!), y la música es el medio elegido para justificar su pretensión. Su concepción del oficio se acomoda a la clase de hombres que son; huyendo de sí mismos, habiendo renegado de cualquier forma de autenticidad, encuentran en su carrera motivos de satisfacción: una vida inestable debido a los frecuentes desplazamientos, sin echar raíces duraderas en ningún sitio, relaciones mundanas y superficiales sin mañana posible; un modo de existencia ideal para evitar compromisos serios y, sobre todo, para eludir enfrentamientos consigo mismos, para dejar de pensar y casi dejar de SER. Miran con los gemelos al revés, pero no les importa.

Sí hablemos en cambio de las motivaciones que empujan al verdadero intérprete a elegir el camino que debe, sin espejismos ni ilusiones vanas. Nos fijaremos con atención en esos hombres que han acometido un trabajo auténtico sobre ellos mismos y que se han ganado con esfuerzo la humildad, la fuerza y la libertad que les legitima para llamarse intérpretes.

¿Cuáles son, pues, esas motivaciones? ¿Son conscientes de ellas? Quizá no todos al principio. Porque no olvidemos que un artista es un ser intuitivo, guiado por un instinto soberano que rara vez le engaña. Saben, sienten, que su vida está ahí, que consiste en eso, y seguramente descubrirán las verdaderas razones más tarde, mientras andan su camino.

Búsqueda de la belleza-vocación

Su elección (consciente o inconsciente) al echar a andar ¿no fundamentará en la búsqueda de la belleza, en una gratuita inclinación a todo lo que les sobrepasa y les sitúa ante la Creación?

Compararé este comportamiento al alpinismo. Subir..., escalar..., ¿por qué? ¿Son totalmente conscientes esos deportistas que arriesgan su vida a cada paso y que, dejando a su familia, marchan hacia un universo helado de soledad y de silencio, con sólo el cielo como techo? ¿Por qué? ¿Por qué esa querencia tan firme hacia las cumbres, tan imperiosa que no hay nada que la pueda atajar? ¿Por qué ese gesto gratuito por excelencia si no fuera porque se ponen en contacto con lo más alto, con lo que es infinitamente más grande que ellos mismos, y eso les permite comunicarse con la belleza en estado puro en una dimensión diferente?

Las montañas muy altas —como el mar para otros— llaman a todos los que tienen la necesidad visceral de tender a fundirse con la creación en sus manifestaciones más excelsas o impresionantes.

¿No será esa búsqueda de la belleza el indicio de una vocación, de LA VOCACIÓN, que ocupa el centro mismo de las motivaciones y genera todas las demás por irradiación, como por una especie de desbordamiento?

La música debería ser —como parece que es la medicina— vocación, y no un simple oficio o profesión. Exige un don de sí, una disponibilidad, una abnegación difícilmente compatibles con lo que se entiende de ordinario por una vida normal.

El gran Pablo Casals decía que se «entraba en música como se entra en religión».

En todo oficio, en toda profesión que no son vocación, es posible —fuera de las horas de trabajo— abstraerse del quehacer habitual, evadirse para forjar otra vida paralela; vida profesional y vida familiar se yuxtaponen más o menos, se complementan, siguen rutas vecinas. Pero la música exige todo el ser, todo el tiempo; prosigue caminando dentro de nosotros, poseyéndonos incluso fuera de las horas de estudio y nos pide el alma, nuestro inconsciente incluso, nuestro poder creador sin límite de horarios, de actividades, de día y de noche. Clara Haskil nos ha dado un ejemplo conmovedor: cuando se intentaba desesperadamente salvarle la vida, tras el terrible accidente que estuvo a punto de arrebatárnosla, notó el cirujano que los dedos de la moribunda esbozaban, sobre la mesa de operaciones, el concierto de Schumann para piano.

Un intérprete digno de este nombre puede ser solicitado por el genio en cualquier momento, aunque no se dé cuenta. Debe estar preparado para vivir como un eterno peregrino: la alforja a las espaldas y el bordón en la mano, recorriendo el mundo como un portador de belleza, de luz y de vida. ¡Y qué poco tiene que ver todo esto con los milagros de los deportistas!

Mas, para ser eficaz, es preciso que ese camino tenga paradas, lugares solitarios que permitan re-encontrarse a sí mismo, analizar las nuevas experiencias recogidas y adentrarse en el silencio y la soledad. Sin esos indispensables retiros, la fuente de energía terminaría anegándose y la trayectoria no podría proseguir hasta el final, hasta alcanzar la meta. No hay que olvidar nunca que la energía crea la vida.

¿Qué motivaciones, pues, pueden alimentar esa vocación? Porque si la vocación puede parecer, en principio, una simple llamada, imperiosa e irresistible, no es menos el resultado de un conjunto de fuerzas secretas entre las que el ENCUENTRO juega un papel de primer orden. Éste es como el agua que mueve el molino, la fuente incesante de energía renovada que va a convertir al intérprete en un re-creador de múltiples facetas, mejor que adaptarse a las partituras y, por ende, a unos compositores siempre diferentes.

La alegría procede de ese encuentro, porque de la compenetración, de la fusión, de la ósmosis que se generarán entre el intérprete y el compositor surgirá la creación. ¡También ahí —¿no es magnífico?— existe un gran paralelismo entre la música y la vida! El nacimiento de un niño es consecuencia de un encuentro físico entre un hombre y una mujer, y el hijo significa el don de una vida nueva para el mundo. Para que salte la chispa, el germen de la creación, deben entrar en contacto dos objetos o dos seres. En música, sólo cuando se da un encuentro humano o espiritual entre un compositor y un intérprete brota la creación o la re-creación con posibilidades de transmitirlas al mundo.

En música, sin encuentro, nos limitamos a ser testigos del tedio o de la traición: aburrimiento, si la corriente no pasa, no se transmite; traición, si el intérprete se apropia la obra. Toda apropiación debe ser formalmente excluida de una interpretación: es la señal de una proyección del «ego» del intérprete, incompatible con el respeto profundo que ha de sentir hacia un texto que no le pertenece.

Es normal que el artista, al recrear la vida de una partitura, experimente una intensa alegría personal puesto que es un ser hecho de carne y huesos, pero ese gozo no es más que un eco, un rebote del encuentro.

La vida de un hombre ¿no es acaso una sucesión de encuentros? ¿No son éstos como jalones de su evolución en los planos profesional, afectivo y espiritual? Cualquier persona receptiva es capaz de ver su vida bascular por inevitables encuentros que ponen en tela de juicio las circunstancias del momento.

Si el músico-intérprete rehúsa la apropiación y vive el encuentro, se ve afectado por otra motivación: la del SERVICIO:

— Servir una partitura —y por medio de ella a un compositor— que sin él no habría recuperado la vida.
— Servir también al público que está ávido «de otra cosa», de belleza, de lo absoluto.

Él es el hilo conductor de luz, el servidor situado entre el creador y lo creado. Y llega a ser lo que debe ser: un lazo, un vínculo, un transmisor, un intermediario, y justifica en plenitud su nombre de intérprete. El que se sirve de una partitura en lugar de servirla, corta el chorro del manantial y no transmite más que su propia persona a través de un texto traicionado en su misma esencia.

Tal simbiosis entre encuentro y servicio hace del intérprete un auténtico REVELADOR capaz de provocar en el oyente el descubrimiento de lo mejor que lleva dentro de sí y que, con frecuencia, desconoce. El artista puede ayudar a muchos a llegar a ser ellos mismos, a revelarse a sí mismos.

Cuántas veces, siendo estudiante, he entrado en una sala de conciertos y he salido transformada, tan renovada que me parecía haber cambiado incluso de identidad, y con la clara determinación de volver a considerar los grandes interrogantes de la existencia: la vida, la muerte, el amor, el Ser, el tiempo. Entre los grandes intérpretes, algunos maestros tenían el don de transfigurar los elementos. Llevaban y derramaban consciencia, viveza, luz, y eran depositarios de un extraordinario poder humano y espiritual; en una palabra: eran la esencia misma de la vida, en todas sus formas de expresión, terrena o sublimada.

3
EL INTÉRPRETE
FRENTE AL COMPOSITOR

La vida que debe transmitir el intérprete no es sino el espejo del alma del compositor, de sus visiones imaginarias o vividas, de sus reacciones en el mundo.

A través de los signos escritos, una partitura vibra, respira, afirma, duda, espera...; en una palabra, es un lenguaje que VIVE y ha sido escrito por la mano de un hombre.

¿No será más normal ir al encuentro de este hombre antes de aproximarnos a su obra? ¿Cómo podemos hacerle revivir si ignoramos todo lo que hace referencia a él? ¿La vuelta a los orígenes no nos abrirá las puertas de su edén secreto?

¿Quién es, pues, este compositor? No, no es simplemente un mito. Ha existido, vivido, amado y sufrido como todo ser de carne y hueso. Ha captado lo visible y lo invisible y por su genio ha sabido materializarlos para convertirlos en eternos. Todo ser hipersensible, en un día de receptividad, puede presentir aquello que le trasciende y vivir intensamente lo que le impresiona personalmente, pero él no lo sabe concretar para comunicarlo a los demás. Por medio de un lenguaje muy personal, un compositor tiene este inmenso poder de transcribir «lo inefable»; las notas y los signos de un texto musical son el reflejo de un alma que se expresa e irradia a través de ellos. En toda fórmula se inscribirá, como en una filigrana, el espíritu del compositor.

Intentemos percibir su personalidad, su carácter, su evolución, su propio ser. Probemos a captarle, comprenderle, amarle por lo que ES, por todo lo que, en cierto modo, representa vivir con él.

El texto sólo tendrá sentido y verdad cuando el intérprete haya sabido establecer entre el compositor y él mismo un auténtico diálogo y crear un lazo de relación privilegiada.

Para que una partitura viva es indispensable que un intérprete pletórico de vida redescubra, a través de ella, un ser humano que ha vivido realmente.

Me parece importante hacer aquí un paréntesis para señalar que esta ósmosis entre compositor e intérprete se impone más, ciertamente, en el campo de la música activa, más o menos, de Beethoven a Ravel; en tanto que la corriente barroca o contemporánea hace mucha menos referencia a la personalidad del compositor. Esa es la explicación de que Bach retocara las obras de Vivaldi dado que, en aquella época, tales acciones no llamaban la atención.

Todavía podríamos discutir más a fondo esta cuestión y hacer referencia al compositor antes del período romántico. ¡Si fue Mozart y no Beethoven quien escribió un «Don Giovanni», no fue por casualidad!

En nuestros días, aunque la música contemporánea se afirma a menudo a través de una cierta objetividad, ¿cómo negar que las investigaciones puramente acústicas o las sintetizadoras atraen más especialmente a los hombres orientados hacia las ciencias o a los poseedores de una formación científica profunda? Los que proceden de otros horizontes escogen formas diferentes de expresión.

De todas formas, el genio se expresa siempre, sea cual sea el medio que elija para hacerlo. Existen múltiples formas, evidentemente, de utilizar un lenguaje, sea el científico o el de las máquinas más sofisticadas. Nadie escapa completamente de su propia personalidad, incluso en el caso de que se resista a dejarse penetrar en su subjetividad.

Pues bien, si esta referencia al compositor parece impropia en ciertas épocas o en ciertas formas de lenguaje, no deja de ser menos verdadero que todo creador tiene un estilo que le es propio.

Lo que nos lleva a abordar la cuestión del ESTILO. ¿Qué es el estilo? ¿Cuáles son sus coordenadas? ¿Cómo podremos apreciarlo? Las experiencias técnicas actuales le sitúan en una posición tal, que perdemos de vista toda referencia. Es urgente volver a las fuentes de la cultura.

El primer deber de un intérprete es ubicar la obra en su época. Porque el estilo está definido ya desde el principio, de forma muy general, evidentemente, por el contexto cultural en el que se inserta la obra. ¿Es del siglo XVI, del XIX, del XX?

Es necesario partir de la periferia del círculo para llegar al centro. La periferia está trazada por la época de creación que dicta ya las tendencias naturales. No es fortuito que Chopin y Schumann nacieran el mismo año, y Liszt un año más tarde: en esos dos años aparecen tres de los grandes genios que dejarán su huella en el romanticismo.

El centro del círculo está constituido por la figura misma del compositor, por el conocimiento de su personalidad: Schubert y Schumann son evidentemente dos románticos y, sin embargo, ¡cuán diferentes son sus estilos!

El estilo está, pues, constituido por aquello que se trasluce de la personalidad del compositor o —más aún que de su propia personalidad— de su forma de captar el mundo y trasponerlo. Y esto sucede en la misma época y a menudo en los mismos países o en países muy próximos. La importancia de los países o de ciertas ciudades ha sido considerable en el nacimiento de muchos estilos. ¿Acaso no es el romanticismo un profundo reflejo de Alemania o de los países de Europa central que formaban parte del Imperio austro-húngaro? Y la ciudad de Viena, ¿no ha sido un fermento de creación, una ciudad-encrucijada en la que, en muchas épocas, han convergido las fuerzas culturales de Occidente? Allí fue, en efecto, donde la inspiración de Mozart consiguió la síntesis de los estilos italiano y alemán. Beethoven, Schubert, Richard Strauss, Gustav Mahler pasaron por ese crisol. «La escuela de Viena», en fin, abrió el camino a una cierta música contemporánea.

Veamos los diversos elementos que van a intervenir en un intento de definir el estilo.

En todo caso, se trata de la captación de una época por personalidades diferentes; y cada época crea un terreno fértil en posibilidades de estilos, que los compositores precisarán en función de su propio ser.

Un intérprete digno de este nombre debe, pues, impregnarse necesariamente de una cultura general y musical, terreno propicio para la recreación de las obras. E insisto en la cultura general poque es difícil concebir la separación entre compositores, escritores, poetas, pintores, escultores y creadores de su tiempo.

¿Cómo traducir, en efecto, en toda su verdad las *Goyescas* de Granados sin haber visto los lienzos de Goya que las inspiraron?

La burla elegante y la ironía agridulce de Beaumarchais no habrían podido encontrar un mejor terreno que la sensibilidad mozartiana en *Las Bodas de Fígaro*, por ejemplo.

La creación de *La Consagración de la Primavera*, de Stravinsky, se inscribe en un contexto cultural del cual no se le puede disociar: vestuario diseñado por Picasso y coreografía de Serge Diaghilev.

Más cerca de nosotros, la asociación de la música y del cine ha hallado una expresión sorprendente con Prokofiev y Eisenstein, en *Alexandre Nevsky*.

La enumeración podría ser infinita: Beethoven y Schiller, Schubert y Goethe, Debussy inspirado por Watteau o Baudelaire («sonidos y perfumes revolotean en el aire de la tarde»), Ravel y Colette. Este tema, solo, merecería un libro.

Los intérpretes que han alcanzado el nivel de Maestros fueron pozos de ciencia, verdaderas enciclopedias vivientes que habían asimilado una inmensa cultura, luego reflejada en sus interpretaciones. A través de ellas, nos hacían calibrar la distancia que separa una obra de una obra maestra. Eran los humanistas.

Una gran técnica instrumental que no se apoya en una sólida cultura engendra virtuosos sin envergadura musical, artistas que ya nacieron muertos. En nuestros días se está produciendo una confusión de valores que tiende a hacer pasar por Maestro al excelente instrumentista que no aporta nada en el plano humano o espiritual.

Un auténtico intérprete tiene el deber de conseguir dos encuentros:

— Con el compositor, ante todo.

— Con la partitura del compositor inmediatamente después.

Y en la medida en que haya logrado estos dos, se planteará el tercero: su cita con el público, que entonces cobrará sentido.

No es el objetivo de este libro hacer un curso de historia de la música y aún menos de la composición. Seleccionaré simplemente algunos ejemplos con el propósito de iluminar un poco el camino del intérprete en su aproximación al compositor, en el plano humano y espiritual.

Cada compositor tiene una personalidad diferente y cada intérprete su personal manera de hacer; está claro que cada cual ha de encontrar su propio camino. Lo importante radica en vivir el encuentro. Tomemos el tiempo preciso para salir al encuentro del compositor e intentemos penetrar en su propio ser.

Estemos a la escucha de su vida interior. Seamos receptivos y acojámosle. Antes de abordar una de sus partituras, intentaremos penetrar en lo que era su universo en el momento de esa creación, saber en qué punto se hallaba de su evolución, de su propia vida, y conocer las motivaciones que lo impulsaron a componer dicha obra. La correspondencia, los escritos, los pensamientos del compositor nos hacen ver de una forma totalmente diferente una partitura. Pero hemos de tener en cuenta que este conocimiento no es puramente intelectual. No olvidemos nunca que se trata de un ENCUENTRO VIVO.

Un compositor puede reflejar sus estados de ánimo del momento, su angustia si está angustiado, o su serenidad si la consigue; mas, por el poder de captar lo que le trasciende, puede incluso componer una obra luminosa en sus momentos más sombríos, como si quisiera, en cierta manera, exorcizar sus propios demonios y transfigurarlos. Y esto no está en oposición, puesto que la música es para él un lenguaje universal que le permite expresar su propia realidad, pero también una evidencia superior.

Un compositor enfrentado a terribles problemas personales, a dramas, y atravesando un período de vida agitado, puede escribir páginas desgarradoras, pero quizá también pueda, en ese trance desesperado, captar lo que le rodea en el universo cósmico de la creación aunque no llegue a vivirlo en aquel momento. Un gran creador es capaz de percibir cierta luz aun cuando esté absolutamente agobiado.

Tenemos un ejemplo sorprendente en Beethoven. En ciertos períodos muy penosos de su vida compuso una música brillante que puede parecer una contradicción total en relación con el momento duro que estaba viviendo, pero que ilustra lo que acabo de exponer. Pero no es menos cierto, sin embargo, que en el conjunto, sus obras son el reflejo de la extraordinaria evolución humana y espiritual que experimentó en el transcurso de su existencia.

Para interpretar justamente una obra de Beethoven es indispensable conocer el número de la misma. ¿Es realmente el mismo hombre quien ha escrito las primeras sonatas para piano y los últimos cuartetos? ¿Cómo captar el sentido profundo de la sonata para piano opus 31 n. 2, por ejemplo, si se ignora que corresponde a la revelación del testamento de Heiligenstadt? La rebelión, la súplica que contienen estas líneas, cobran entonces una agudeza abrumadora. Y este mismo hombre que se rebela en 1802 contra un destino adverso y agobiante, lo acepta todo algunos años más tarde, hasta el punto de transformar su angustia personal en sufrimiento universal. Su visión del hombre sigue su itinerario espiritual, que va de la sinfonía «Pastoral», que nos presenta el hombre en la naturaleza, a la «Novena», que lo sujeta al Cosmos.

¿Cómo un hombre, aunque fuera un genio, puede transformarse hasta el punto de alcanzar lo inefable, lo indecible, y de transmitírnoslo en páginas como las de sus últimas obras? Solamente el silencio se impone ante semejante dimensión de ser, una dimensión que hace estallar el propio cuadro de la sonata: las cinco últimas sonatas para piano contienen fugas o variaciones. ¡Qué formidable complejidad de pensamiento! Beethoven es un gigante que, por su genio, unifica las formas musicales más diversas, como unifica al hombre en la creación cósmica volviendo a ponerlo en su contexto universal.

Si existe una música en la que el intérprete tiene el deber de hacer referencia al compositor, a su vida, a su evolución es ciertamente la de Beethoven. Y si el intérprete es totalmente consciente, se abstendrá de tocar a la edad de veinte años los últimos *opus*. Por mucho talento que tenga, debe comprender que para tocar las variaciones de la sonata *opus* 111, por ejemplo, es preciso haber muerto y resucitado varias veces... Únicamente la madurez, la experiencia humana y la evolución espiritual nos autorizan a abordar esas páginas. A los veinte o veinticinco años es posible tocar otras muchas piezas. Cuando Chopin no tenía más allá de veinte años, ¿no había compuesto ya obras que se cuentan entre las más hermosas de su producción? Para las últimas composiciones de Beethoven, sin embargo, conviene esperar las lecciones que propina la vida.

Si nos orientamos hacia los cinco compositores siguientes: Chopin, Schumann, Liszt, Schubert y Brahms, pertenecientes todos al mismo siglo y a una forma común de pensamiento y de expresión, que es el romanticismo, descubrimos cómo la personalidad de cada uno de ellos ha generado estilos diversos.

En su música encontramos la marca innegable de su espíritu, de su formación, y también de su país.

Chopin y Schumann nacieron el mismo año. Sus obras nos ilustran inmediatamente acerca de su mundo interior y de la forma tan diferente de captarlo.

Chopin es un inquieto, que nos confiesa no haber pasado ni un solo día de su vida sin pensar en la muerte. Intenta tranquilizarse. Numerosas obras suyas comienzan por algunos compases destinados a crear la atmósfera que busca; no se introduce inmediatamente en el tema si lo puede evitar.

Schumann vive su inquietud con angustia y prefiere iniciar su obra adentrándose en ella sin preámbulos.

Si Chopin se hubiera suicidado ahogándose, sin duda se habría tirado al agua de pie... Schumann, ¡se habría arrojado de cabeza!

El romanticismo de Chopin se trasluce a menudo por un canto acompañado. Está solo y permanece solo. Prodigiosa adaptación del canto al piano, del «belcanto» que él amaba con especial ternura. No es la concepción orquestal del instrumento; el canto sigue siendo la expresión aguda de un alma vibrante: algunos son tan tristes, tan desgarradores que se transforman en algo conmovedor y reflejan la muerte que le atormenta. Schumann, en cambio, no está solo. Cuando brota un canto, no tarda en responderle una segunda voz. ¿Es Clara? Ciertamente sí. ¿Es su propio doble, aquel doble que él llamaba «el otro», que le daba miedo y procuraba a su personalidad una disociación enfermiza? Sin duda, también. Siempre sucede que la música de Schumann nos hace participar en un romanticismo compartido, en tanto que la de Chopin conduce a un romanticismo solitario. He aquí una diferencia fundamental que un intérprete debe percibir y vivir.

Es imposible analizar en unas pocas líneas las personalidades y las obras de los compositores. Otros lo han hecho extensa y magníficamente. Aquí se trata sólo de hacer ver al intérprete que le aguarda un papel muy complejo y lleno de responsabilidad.

Schubert, por su parte, sueña, y como el sueño no tiene fronteras, improvisa. ¡Qué importan los imperativos de escuela si el sueño permite ir más lejos! Sus cantos son muy diferentes de los diátonos de Chopin y de Schumann. Schubert canta también, por supuesto. De lo contrario no habría llegado a ser el incomparable compositor de «lieder» que ha sido. Pero sus cantos van envueltos a menudo en un velo inefable de gasa que los tamiza. Schubert tiene el poder de hacernos entrar con él en la eternidad, que es su verdadera casa, su reino interior. Es un viajero del espacio. Si alguien tuviera miedo de aburrirse en la eternidad, haría bien en dejar para entonces las obras de Schubert.

En cuanto a Liszt, ¿qué decir que no se haya dicho ya? Su música es el esplendor de su propia vida: grande, generosa, hecha de facilidades desconcertantes que podían coexistir con una vida interior, intensa y real. Y todo, siempre, al servicio de los demás. Pocos creadores se han interesado tanto por la producción de los otros, tanto musical como literaria. Todo lo que Liszt recibió del «mundo» fue para devolverlo a sus contemporáneos.

Es todo lo contrario del genio egotista. Su música refleja al personaje bajo todos los aspectos: chispa extraordinaria, facilidad diabólica en sus improvisaciones, por ejemplo, o en sus transcripciones, pero también grandeza soberana —escuchemos sus recitativos— que nos descubren una dimensión poco común. ¡Qué largo camino recorrido entre sus primeras y sus últimas obras, cuya desnudez total ha desconcertado incluso a sus amigos más íntimos! La facilidad, el brillo social, la agilidad intelectual han dejado su sitio a lo *esencial:* el hombre de las pasiones ha escogido el camino de la Pasión.

Su espiritualidad es en verdad muy diferente de la de Beethoven: imaginemos una cima que ha sido escalada por la cara sur (Liszt) o por la cara norte (Beethoven). ¿No consiste el milagro de la música en ofrecer —como la vida— todos los caminos posibles a la evolución?... Horizontales, como el mar, o verticales, como la montaña, recorridos en la sombra o a la luz, en lo más oscuro de la noche o a pleno día. Cada cual tiene su sendero, igualmente hermoso, si adopta como horizonte un objetivo superior.

Digamos algunas palabras de otro gran compositor que ha tenido dificultad en imponerse en Francia y que, sin embargo, es, quizá, el más completo de los románticos: se trata de Brahms.

¡Qué madurez manifiesta desde muy joven! ¡Qué riqueza! ¡Qué inventiva! La amistad y la admiración que él profesaba a Schumann lo marcaron para siempre: la profundidad de sus cantos, la masa orquestal que permanece siempre subyacente, incluso en sus obras para piano, esa impresión de grandes fondos abisales aportando una densidad excepcional, no son ajenas a dicha influencia. Pero, a diferencia de Schumann, Brahms expresa toda esta riqueza mediante estructuras dotadas de un soberano equilibrio. Y, como Beethoven, ha sabido colocar al hombre en su universo cósmico. Su música unifica lo humano con lo divino, el ser creado con la creación y consigue el imposible de proporcionar un brillante equilibrio a un romanticismo total, incluyendo todos sus elementos, desde la pasión hasta el ensueño.

41

Los ejemplos podrían multiplicarse hasta el infinito. La música de Ravel refleja su personalidad como la de los románticos expresan la suya. Voluntariamente, me he limitado a un período muy definido, para hacer comprender mejor que, a través de las constantes de una corriente, cada compositor tiene, sin embargo, una identidad muy precisa, perceptible en su obra si se saben DESCIFRAR LOS SIGNOS DE UNA PARTITURA.

INTERPRETAR no consiste en tocar perfectamente notas de memoria. Todo empieza ANTES y DESPUÉS.

— ANTES: por ese encuentro humano que debe producirse entre el compositor y el intérprete.

— DESPUÉS: por la lectura exhaustiva de un texto, hasta que nos permita captar la expresión, más allá de las notas. Olvidar, trascender las notas —que no son otra cosa que las letras del alfabeto musical— para penetrar en un universo de sonidos, de aliento, de ritmo, de imaginación, en una palabra: de VIDA.

4
EL INTÉRPRETE
FRENTE A LA PARTITURA

Nos hallamos ahora frente a unos papeles pautados que contienen unos signos extraños; signos que, para un profano, constituyen un auténtico enigma. Y no deja de ser paradójico: porque la música, cuando no está escrita, es el arte más cercano a la vida, accesible a todos, y ha acompañado a la humanidad desde el principio de los tiempos. Cualquiera, sea cual sea su grado de desarrollo cultural o de civilización, puede hacer música valiéndose del ritmo y del canto. Es un hecho de la experiencia que todos conocemos: se puede improvisar música sin conocer ni el nombre de las notas...

Pero, ¡ay!, si la música está escrita, sólo los iniciados tienen posibilidad de entrar en su seno. Los demás dependen de alguien que se preste a dotar esos signos de vida.

Una lengua posee una sintaxis que se nos impone desde el nacimiento. Los escultores y los pintores se valen de la vista para captar, respectivamente, formas y colores.

Con la música, en cambio, nos hallamos ante un hiato absoluto entre los signos —que no son más que una abstracción— y el oído. Las referencias se mantienen abstractas e ininteligibles para los no iniciados.

El intérprete deberá, pues, devolver la vida a ese lenguaje abstracto que, sin él, permanecería mudo y para conseguir esta finalidad deberá recorrer el camino inverso al seguido por el compositor.

— EL COMPOSITOR PARTE DE LA VIDA PARA LLEGAR A LOS SIGNOS.

— EL INTÉRPRETE DEBE PARTIR DE LOS SIGNOS PARA LLEGAR A LA VIDA.

¿Somos conscientes de la inmensidad de la tarea? Hay que aprender a leer una partitura siguiendo sus signos, pero yendo mucho más allá todavía: hacer que un texto musical (que, en principio, es pura abstracción para el profano) se haga evidente para la recepción inmediata del oyente, hasta el punto de que éste tenga la sensación de que procede del propio campo de su conciencia. Se diluye y se pierde cualquier distanciamiento en la comprensión.

Partir del texto, de los signos, y reencontrar su profundo significado abre inmensos horizontes, pero crea también grandes peligros, ya que se puede dar lugar a la arbitrariedad si no se sitúan dichos signos en relación a los datos fundamentales y a la misma sintaxis de la escritura musical.

Ningún elemento debe ser separado de su contexto, ya que todos constituyen una unidad: el ritmo solo se transformaría en una mecánica insoportable; la respiración sin ritmo se convertiría en una anarquía; los matices sin escritura serían como los colores de un tapiz sin trama... En cualquier dirección sería fácil llegar a una caricatura. Igual que el ser humano forma una unidad con todo lo que se ve de él, lo mismo ocurre con la escritura musical, que es una síntesis compleja, que va mucho más allá de los signos exteriores.

Si un trabajo profundo nos obliga a proceder por etapas, jamás debemos detenernos demasiado en un solo elemento. Es preferible trabajar un pasaje más corto en todos sus aspectos y unificar rápidamente los diversos datos del texto. El horizonte que se abre al intérprete consciente de los descubrimientos que le aguardan a cada instante se hace así fascinante.

El compositor parte evidentemente de la *vida,* de todo aquello que siente, capta e intuye. Parte de lo inefable, de lo inmaterial, que crea sentimientos y sensaciones. Los temas brotan dentro de él, lo poseen y emanan desde su interior —como la vida— en movimiento o soplo indefinibles. Y ante una hoja de papel pautado, con los pentagramas listos para la música, tendrá que transcribir, negro sobre blanco, esos flujos de vida inaprehensibles, esas percepciones. Se verá obligado a materializarlos mediante signos —¡y todavía más!—, a encerrarlos entre líneas divisorias y barrotes de medir.

Imaginemos lo que eso supone: meter el Infinito entre rejas, lo Inmaterial entre rayas, lo Impalpable en un lenguaje codificado... ¿Y nos percatamos de cuánto puede perderse en el camino, en ese proceso imposible de transcribir lo Imponderable?

Sería tanto como acorralar el viento en un frasco de cristal o aprisionar un riachuelo que corre, o la Vía Láctea... o la pasión, la ternura, el ensueño...

Gustav Mahler decía:

«Todo está escrito en una partitura, menos lo Esencial.»

¿Qué se podría añadir a la evidencia que rezuma de esta verdadera profesión de fe?

Sólo queda empujar al intérprete a que se ponga en marcha, animarle a que salga en busca de eso Esencial «que no está escrito», a que lo perciba más allá de las notas, más allá de los signos, y le insufle la vida. Es indispensable encontrar las llaves que permiten penetrar en el corazón de una obra y abrir las puertas de su jardín secreto.

Ahora bien, el análisis de una partitura, descifrar sus signos no releva en ningún caso de una especulación intelectual, sino todo lo contrario. Se trata de un conocimiento, de un *connaissance*, es decir, en el sentido etimológico de la palabra, de un *nacer con*.

Incluso antes de ahondar en el conocimiento de un texto, es bueno que el intérprete lo descifre, lo lea y lo toque varias veces para escuchar su universo sonoro y percibir su contenido musical, aunque se trate de una mera percepción intuitiva. Y es muy importante que en la primera aproximación impresione ya la sensibilidad, la imaginación, la creatividad, y que se opere el encuentro musical en el marco de una visión artística.

Una vez establecida esta primera relación, el intérprete tiene la obligación de remontarse a las fuentes hasta descubrir eso «Esencial» ausente en apariencia de que habla Gustav Mahler.

Lo que es necesario evitar a toda costa es empezar a trabajar una obra técnicamente, sin tan siquiera descifrarla, sin haber captado todo cuanto las notas y los signos esconden en el plano de la vida, de la expresión y de la creación. Porque cuanto más concienzudo, preciso y técnico es un trabajo, mayor es el riesgo de desvitalizar la música, sin haber encontrado antes las fuerzas vitales de una partitura. Un intérprete no debe jamás empezar un trabajo técnico ni instrumental sin saber dónde debe ir musicalmente, ni sin haber revivido el sentido de la obra en todos sus aspectos.

Después de un global contacto con la partitura, resultado de más de una lectura, el trabajo prácticamente exigirá tres etapas:

— Remontarse a la vida misma del texto mediante un profundo conocimiento de la escritura musical. En cierta manera, hacer el mismo trabajo de un director de orquesta: cuando éste se presenta delante de los músicos, sabe lo que quiere transmitirles; él ha «oído» la partitura en su ejecución final y sabe el trabajo que debe desarrollar. Para un intérprete es lo mismo: su trabajo dará lugar a una auténtica creación si ha sabido penetrar antes en el corazón de la obra. La música es siempre la que debe orientar el trabajo técnico. Y es evidente que para un pianista, por ejemplo, una técnica de dedos aplicada a un texto de Mozart o de Schumann será diferente en su concepción misma, puesto que la luz, el color y la densidad del sonido pedirán realizaciones totalmente distintas. Para obtener una realización musical es necesario un serio trabajo técnico, pero éste no obtendrá resultados si no se orienta desde sus principios en un sentido muy definido. Sin esta óptica, llegaríamos inevitablemente a ejecuciones que obtendrían quizá «records» técnicos, pero estarían desprovistas de todo interés.

— La segunda etapa se centra en un trabajo puramente técnico, profundo y preciso, que no deja nada en la sombra y garantiza una total seguridad cimentada en elementos controlados. Este trabajo es necesario para liberar todas las dificultades materiales. Exige mucha paciencia, disponibilidad y constancia. Es el trayecto necesario para pasar del conocimiento a la realización.

— Una vez resueltos los problemas materiales y técnicos se accede a la posibilidad de recrear una partitura en su universo sonoro, en su vida profunda, secreta, escondida, en todo lo que la primera etapa —la del conocimiento— había hecho descubrir de ese Esencial fronterizo entre lo real y lo imaginario. Transmitirla con la visión que aporta el conocimiento se hace entonces realizable.

Este trabajo complejo nos vuelve a recordar una escalada. Antes de ponerse en marcha, el alpinista elige la cima que desea alcanzar, considera su altura, su perfil, sus dificultades y sus características. Se hace una idea cabal de su proyecto y se prepara en consecuencia. No se lanza al azar por cualquier camino sólo por el prurito de resolver las dificultades técnicas que ese sendero le depare, sino que tiene un conocimiento real de las exigencias con que se va a topar e inicia la ascensión sin perder de vista la meta que se ha fijado; aunque a veces se le oculte la cumbre entre las nubes, sigue estando seguro de su objetivo. Necesitará muchas horas de marcha, de tenacidad y de paciencia para intentar llegar arriba, pero desde que dio el primer paso sabía muy bien su propósito y lo que le costaría lograrlo.

Este planteamiento es importante desde el momento que un intérprete aborda una partitura. Un trabajo que elimina todos los problemas técnicos y materiales sin la visión de la cima que se propone alcanzar no puede sino desembocar en la «nada» musical. La ejecución técnica perfecta conduce a una vía muerta, a un callejón sin salida. ¿Qué queda, pues, de lo esencial de la obra, de su propia vida? Nada, o muy poco... En el mejor de los casos, un intérprete que sea un buen músico, pero que no haya conseguido su identificación profunda con una partitura, pondrá su sensibilidad al servicio de un excelente trabajo. Esa sensibilidad podría compararse en cierto modo a una joya chapada en oro: algo que se sobrepone a una ejecución técnica sin defectos. Y el resultado será agradable, grato para el oído porque será música al fin, pero ¿qué relación existirá entre la interpretación y la obra propiamente dicha? ¿Dónde se habrá quedado la autenticidad debida a un texto original?

Por supuesto, siempre pueden darse algunas coincidencias fortuitas: un intérprete un poco loco, por ejemplo, traducirá magníficamente la locura expresada en unas páginas exaltadas en extremo; otro que sea un místico nos hará penetrar en su impresionante recogimiento. Pero tales momentos privilegiados surgirán por casualidad... y sólo en esos instantes excepcionales en que dichos intérpretes se arriesgan a irritarnos desfigurando un texto que han traicionado. ¡No siempre el azar es afortunado!

El descubrimiento de una partitura, en todos los aspectos que la conectan con la vida, es, pues, esencial, si queremos transmitirla con un máximo respeto.

La calidad personal del intérprete, su grado de evolución, su cultura, sus conocimientos musicales tienen —como ya se ha visto— una importancia evidente. Pero sólo una aproximación, una penetración lógica y auténtica del texto permitirá que éste sea captado en sus múltiples formas de expresión y de vida.

5

LA VIDA DE LA MÚSICA
EL MARCO DE VIDA
LA FORMA MUSICAL

La primera cuestión que se impone ¿no será ver en qué marco se desarrollará esta vida? El marco está inscrito en la FORMA musical que ha escogido el compositor.

¿Se trata de una sonata, de una fantasía, de una sinfonía, de una ópera, de un coral, de un preludio, de una balada, de un concierto...?

La forma engendra, por su propia esencia, elementos diferentes en la concepción, la dimensión, la estructura. Todo ello a una escala variable según la época, según la personalidad del compositor y los temas escogidos. Muchos elementos entran en juego. Un preludio puede ser relativamente largo y una sonata corta: pero no es menos verdadero que la sonata tendrá dimensiones arquitectónicas y una estructura que, por naturaleza, es extraña al preludio. Y un coral presenta un carácter sagrado, muy diferente del que puede inspirar un estudio...

Esta noción de FORMA MUSICAL nos acerca a la vida misma, pues aunque esté pre-establecida en el principio, se desarrollará luego a su manera, en función del marco determinado.

¿Qué pasa si a una semilla se le pone bajo tierra?

¿Qué le sucede a un feto que se desarrolla en un útero?

Las estructuras están predeterminadas, pero dejan las puertas abiertas a la más completa libertad.

En una obra musical, un tema es la chispa creativa que debe encontrar la forma en la que va a inscribirse y a vivir su propia vida. Se encarna, en cierto modo, en esa forma.

Para ilustrar en un escorzo impresionante esta vida que toma forma, asomémonos un instante al último intermezzo *opus* 118 de Brahms para piano.

Un tema compuesto de tres notas se busca en la soledad y va a asumir su vida.

Nace:

se desarrolla:

para alcanzar un paroxismo:

y morir:

Cada partitura es asimilable a una vida que tiene su destino, desde el nacimiento hasta la muerte.

Imaginemos que un ser humano posee la noción de su predestinación y la explicación de los actos que componen su vida, en función de su desenlace. La forma es un TODO, indisociable. Es, como toda vida, un ciclo. Tenemos un ejemplo impresionante con una forma larga como la sonata, que comprende tres o cuatro movimientos. Parece, en efecto, inconcebible imaginar una sonata de un mismo compositor con el primer movimiento enfocado de un modo, el Andante de otro, el Scherzo de una tercera forma y el final de una cuarta manera, aun cuando tales obras daten de la misma época.

Una obra tiene, pues, su propia vida en tanto que es un organismo. Algunos serán de carne o de luz, otros de fuerza o de ensueño.

Estamos ahí en el origen mismo del nacimiento de la música sobre el plano de la vida, en la etimología exacta de «música y vida». Y vemos que la música, cuando está escrita, no se aleja en absoluto de sus funciones vitales y conserva más que nunca la imagen de la vida.

El intérprete ante una partitura descubre, pues, que la obra tiene una forma predeterminada, una vida autónoma que el compositor le ha sembrado. ¡Debe, por consiguiente, inscribirse en esa forma, ser transparente para acogerla y «conformarse» a ella en el verdadero sentido de la palabra! Pues tal forma orientará muchas opciones para obtener una interpretación y una realización sonora armoniosas.

Siendo la forma el marco de vida, nos sitúa ya en el ambiente requerido. Es posible vivir en el campo, en el bosque, en la montaña, en la ciudad, en el silencio o en el ruido, en la soledad o en un barrio populoso; habitar en un estudio, en un castillo, en un molino, en la celda de un monje, en un barco... El marco de vida crea un contexto. Tomemos conciencia de ello en una obra: es la primera referencia acerca del camino que debe seguir una gran interpretación y puede evitar muchos errores.

Volvemos a juntar ahí esa cultura general y musical que recordaba anteriormente, indispensable en todo intérprete consciente del deber de servir un texto.

¿Cómo podría, en efecto, recrear una sonata si ignora cómo está construida? ¿Por qué oímos, a veces, pasajes de transición, dotados de tal importancia que parecen suplir al tema principal? Es verdad que ciertos pasajes son muy bellos; pero, por muy interesantes que sean, no son más que un medio, un engarce. Una galería de un castillo puede ser magnífica ofreciendo a la vista muebles antiguos, pinturas, tapices; pero, a pesar de todo, no es más que un pasillo entre piezas principales que constituyen la base del edificio.

Es verdad que los pasajes de tradición tienen una función primordial, justamente para ir de un universo a otro, algunas veces muy lejano. Los grandes intérpretes poseen la ciencia e incluso el genio de saberlos utilizar para conducir la obra en su evolución con toda naturalidad. Lo veremos más adelante; pero su finalidad no se sitúa en la expresión pura.

Recrear la estructura de una obra, situarla en su marco, supone, pues, poseer el conocimiento de cada forma musical. Un intérprete debe preguntarse al acometer la tarea: ¿A qué país me dirijo? ¿A qué lugar? ¿A qué casa? Una vez fijado el marco, la referencia al compositor se impone con evidencia. Pues una sinfonía de Haydn, de Brahms o de Tchaikovsky nos pondrá en comunicación con mundos muy diferentes. La personalidad del autor se inscribe así en el marco escogido y lo crea a su gusto personal. Y, de este modo, FORMA Y COMPOSITOR reunidos nos acogerán para hacernos participar de la vida.

Queda claro que muchos compositores tienen una predilección por ciertas formas musicales que les permiten expresar mejor una naturaleza profunda, una personalidad, un aspecto de su genio.

Si nos fijamos en la obra para piano de Schumann, quedamos impresionados por la dimensión general de sus piezas, que exigen un tiempo de interpretación bastante largo: *Kreisleriana, Carnavales, Estudios sinfónicos; Davidsbündlertanze, Humoresque, Fantasie,* etc. ¿Y qué nos reservan estas grandes creaciones? Una sucesión de piezas más o menos cortas que, a semejanza de los trozos de un rompecabezas, se juntan para formar un todo. Estamos ante una catedral; entramos; ¡el interior no se compone más que de pequeñas capillas! Es bastante sorprendente, pero... ¿no reflejan acaso la personalidad de Schumann? Una potencia creativa, una fuerza interior que no llegan a estructurarse, a unificarse, se diversifican hasta el infinito: obras largas y fragmentadas que, finalmente, se convierten en unas pocas sonatas. La extensión de una sonata puede corresponder a su envergadura, pero la estructura que impone no le conviene.

Los «Nocturnos» de Chopin ¿no son también exponente de su personalidad? Si el nocturno, como sugiere su nombre, evoca un mundo poético, no es menos cierto que otros compositores románticos no han preferido esta forma de expresión. El nocturno —con todo lo que la noche puede comportar de ensueño, de magia, de tristeza, de soledad y de fantasmas— es una forma ideal de expresión para la nostalgia. No es fortuito que Chopin eligiera dicha vía para dar salida a la tristeza y a la soledad de su corazón angustiado.

Schubert, que es un improvisador nato, sobresalió en el «lied». La construcción, la arquitectura le motivaron mucho menos que la improvisación. Él escogió para vivir la eternidad. ¿Por qué, pues, imponer límites a lo que no los tiene? Esto no le impidió escribir sonatas y sinfonías, y recuperar temas de «lieder» para obras de música de cámara. Pero sea cual sea la forma escogida, seguirá improvisando... Corresponderá al intérprete realizar el prodigio de que la extensión se convierta en algo divino. Es ilustrativo lo que dijo Stravinsky:

«¡Qué importa si uno se duerme escuchando a Schubert, puesto que se despierta en el cielo!»

Ciertos compositores tienen plena conciencia de lo que hacen cuando eligen su entorno de vida. Frente a los temas, presienten si éstos deben dar lugar a una forma corta o larga. Su manera de ser y un oficio consumado les guían en su elección. Otros son más dados a la improvisación: «¡Sigamos por aquí, el marco es tan bello! Esta casa de ocho habitaciones me gusta. Solamente puedo amueblar tres, ¡pero qué importa!...» ¡Y el genio hace el resto, hasta el punto de amueblar suntuosamente las ocho habitaciones!

Algunos creadores experimentan, sin embargo, dificultades para sostener la inspiración, a lo largo de las estructuras que les impone la forma. ¿Cómo no pensar otra vez en Schubert y en el desequilibrio de algunas de sus sonatas, aun admitiendo la evidente riqueza del contenido? Por otra parte, el mismo Schubert puede prolongar de forma interminable el hilo de su genio a lo largo de obras extensas que no cesan de crear emoción.

Bach, sin embargo, se expresa a través de formas más variadas, su inspiración se adapta a todos los aspectos de la creación. Ha sabido utilizar con análoga genialidad todos los marcos que le proponía la música de su época, fuera ésta profana o religiosa.

No es un azar que escribiera cantatas, corales, Pasiones... Su divisa era: «Sólo Dei Gloria». Sin embargo, su obra profana fue considerable y lleva también la señal evidente de su genio... un genio tal, que transformó la concepción misma de la escritura musical, hasta el punto que, después de su muerte, la forma horizontal de un texto fue sustituida por la escritura vertical. Ciertamente fue el más grande polifonista de todos los tiempos, pero impulsó el arte del contrapunto a un grado tal que las raras notas resultantes de ello le han convertido también en un armonista notable.

Siglos después, César Frank, también organista de corazón místico, reencontrará en la forma coral el camino de un lenguaje en el que se funde lo humano con lo divino... La composición coral con sus tres voces para expresar una oración personal, la oración universal y la eternidad, ¿no constituye, sin duda, un terreno privilegiado para traslucir la vida interior?

En la obra pianística de Brahms es interesante hacer notar que sus *opus* 1, 2 y 5 son tres sonatas, y ¡qué sonatas! Después abandonó definitivamente esta forma en su producción sólo para piano para cultivar otras modalidades que incluyen «intermezzos» y «caprichos». ¿Se debió a la influencia de Schumann y de sus famosas obras compuestas por piezas cortas? Su prodigiosa facilidad para escribir variaciones sobre un tema de otro compositor denota una receptividad y una capacidad de adaptación extraordinarias, amén de un sentido de la improvisación que ya había impuesto Liszt con un brío excepcional.

Las formas que eligen los compositores pueden también ser testigos de su evolución. El ejemplo más sorprendente nos lo ofrece Beethoven: en él, el genio creador es tan fuerte que hace estallar las formas en sí mismas. ¿Qué relación hay entre los primeros y los últimos cuartetos? ¿Entre la primera y la novena sinfonía? ¿Entre las primeras y las últimas sonatas para piano? Las formas establecidas no han resistido su grandeza, su evolución, su poder de creación. Se necesita una capacidad de asimilación poco común, para incluirlo todo con naturalidad en las sonatas, en las fugas o en las variaciones. Y, sin embargo, su universalidad de ser y de pensar le permite unificar el empleo de las formas, pese a sus diferencias. Se trataba de un gigante que, como Bach, no dejó a su muerte la música en el estado en que la había encontrado. Esta explosión de formas permitiría sin duda a Liszt, por medio de su sonata para piano en sí menor, escribir un verdadero poema sinfónico.

Desgraciadamente no es posible hablar de cada uno de los compositores en función de las formas que les han permitido destacar. Este aspecto por sí solo podría justificar un libro. Hemos aducido sólo estos ejemplos a título indicativo.

Pensamos en Mozart, cuyas obras nos conducen siempre al genio indiscutible de la ópera. En sus obras instrumentales, ¿cómo no encontrar de nuevo a la condesa de las *Bodas de Fígaro*, a Chérubin o Papageno, Leporello, Don Giovanni, Zorline, Donna Anna?...

La forma musical, unida a la personalidad del compositor que la ha elegido, nos proporciona otras indicaciones valiosas.

Nos facilitará, por ejemplo, el volumen sonoro de ciertos matices. El «ff» del primer preludio para piano de Chopin, obra que incluye cinco líneas, no tiene ningún parentesco con el de un concierto para piano y orquesta de Bramhs. Expresa ciertamente el paroxismo de la pasión, pero el marco de este preludio y la personalidad de Chopin no pueden arrastrarnos hasta un «ff» wagneriano.

Situemos los matices en su contexto creativo. No hagamos de una obra agitada pero interior una explosión volcánica.

Toda interpretación debe aparecer armoniosa en su expresión de vida, salvo —por supuesto— si es voluntaria y explícitamente caótica. ¡En una casa no se coloca en el salón un objeto destinado al cuarto de baño! Respetemos el marco de cada pieza.

Ciertas exageraciones son verdaderamente insultantes para el estilo. Sin embargo, son moneda corriente y su enumeración sería interminable. Sólo citaré, como ejemplo, la confusión que se da entre ciertos compositores: ¡Fauré es frecuentemente tocado como Schumann o Rachmaninov! Ravel como Prokofiev, César Frank como Schumann. Estos errores ponen de relieve una falta de cultura o, simplemente, una ausencia de receptividad respecto a la obra y al compositor, con un intérprete proyectándose a sí mismo en el texto, en lugar de servirlo.

La toma de conciencia de la FORMA MUSICAL va, pues, a la cabeza de las prioridades; nos abre las puertas de un horizonte donde la vida nos espera a cada paso.

Continuemos adelante.

¿Qué vemos al enfrentarnos con una partitura?

— Una armadura: ¿los sostenidos?, ¿los bemoles?, ¿cuántos?

— Una indicación de medida: 3/4, 6/8, 4/4, 2/2...

— Y, en general, una indicación de «tempo»: Allegro, Andante, Presto, Adagio ma non troppo...

Son datos INMUTABLES que ningún intérprete puede cambiar, como si fueran el nombre, los apellidos y la dirección en un documento de identidad.

A partir de esta IDENTIDAD básica: la forma, la armadura, la medida, el tiempo o la obra se desarrolla y vive su vida, como un ser humano vive la propia.

Esta identidad es a la vez TODO Y NADA:

— *Nada*, puesto que no hace vivir: un niño que nace tiene una identidad, un nombre, unos apellidos, una dirección, pero tendrá que asumir su propia vida.

— *Todo*, puesto que esa identidad es la muestra de una personalidad, de un carácter y de una unicidad específicas.

Es cierto que una obra escrita en 6/8 en «fa» sostenido mayor y «allegro molto» estará en las antípodas de un «Adagio» en 3/4 en si bemol menor.

Con todo ello, recibimos una información inicial. ¿No es maravilloso partir hacia el descubrimiento de lo que la partitura nos reserva?

6
LA VIDA DE LA MÚSICA
Y EL RITMO

Para entrar ahora en el meollo de la cuestión, hagámonos una pregunta fundamental: ¿Qué es lo que rige la vida? ¿Cuál es el órgano que decide la vida o la muerte de un ser? Es un CORAZÓN QUE LATE.

Una persona puede vivir sin alguno de sus miembros físicos: un pie, un ojo, un riñón, el bazo, etc. Pero si su corazón deja de latir, muere. Sobre esta vida primaria, instintiva, física, pueden injertarse las otras formas de vida: sensible, psíquica y espiritual. Tenemos ojos para ver, orejas para oír, piernas para andar... ¿Mas para qué sirve todo eso, si el motor indispensable de la vida que es el corazón se detiene?

Lo mismo sucede con la música. Su vida primordial procede de un corazón que late; ese corazón es el RITMO y este ritmo está hecho de PULSACIONES. Sin esta pulsación básica, la música muere.

Un intérprete que se emborracha de sonidos, que busca cromatismos sonoros o se pierde en los meandros expresivos de una partitura antes de haber captado y vivido el ritmo, desvitaliza la música en su esencia misma. ¡Imaginemos un ser cuyo corazón ha dejado de latir, que está muerto, y que, sin embargo, quiere continuar caminando!

¿En qué consiste dicha pulsación? Está constituida por los pequeños latidos de las notas, muy a menudo semicorcheas. Todo depende, por supuesto, del texto y del «tempo» de la obra.

Es importante descubrirla.

Tomemos, por ejemplo, el principio de la sonata para piano en re mayor de Mozart:

Allegro con spirito

Una negra, un silencio, seguidos de ocho semicorcheas. La relación rítmica entre estos valores se muestra, con frecuencia, inexacta. Durante la negra inicial y el silencio que la sigue, es indispensable vivir, ya, la pulsación de la semicorchea. Las escritas seguidamente se encadenan entonces de forma natural en una precisión rítmica infalible que decidirá también su continuación, pues a la negra y al silencio del segundo compás suceden ahora dos corcheas. Ellas también deben guardar interiormente la pulsación de la semicorchea, que es el denominador rítmico común en este primer movimiento de la sonata. Ella es la que proporciona una seguridad completa a los encadenamientos de diferentes valores de las notas o de los silencios y crea una trama indispensable a la unidad rítmica profunda. Como ocurre con los latidos de un corazón humano, esta pulsación no debe detenerse jamás. Nos hace vivir en la unidad la relación entre las diversas fórmulas rítmicas y los cambios de escritura.

Mas la pulsación rítmica, necesaria a la vida instintiva de toda obra, corre el peligro de ser paralizada por modificaciones de la escritura y más particularmente por dos elementos que deberemos tomar siempre en consideración:

— *Los valores largos*. Después de una serie de semicorcheas, es fácil pararse en una blanca, esperar pasivamente, desconectar la corriente creada por la pulsación y perderla definitivamente. Esta pérdida de la energía rítmica alcanza de lleno las funciones esenciales y vitales de una obra.

Tenemos un ejemplo asombroso, del peligro que hacen correr a la pulsación los valores largos, en el primer movimiento
de la sonata para piano *opus* 81 de Beethoven *(Les Adieux)*:

En las redondas es indispensable continuar viviendo el motivo rítmico precedente.

— *Los silencios* constituyen el segundo peligro para la ruptura de la pulsación. También ellos provocan paradas a menudo. Aunque den lugar efectivamente a una interrupción del sonido, no debe ello en ningún caso suponer una alteración de la pulsación. Los silencios tienen un inmenso poder de expresión y no una función pasiva. No se trata de detenciones vacías de sentido, sino todo lo contrario. En la vida, aunque estemos callados, o dormidos o soñando, nuestro corazón sigue latiendo. Esos mismos latidos mantienen la vida de la música dentro de su propia esencia.

Antes de toda interpretación, es importante, pues, que el músico tome conciencia de esta pulsación y que, desde el principio de su trabajo, la haga suya, la sienta vivir en sus centros nerviosos y la integre naturalmente. Debe, en cierta forma, preexistir. Pero, atención: pronto será sobrepasada para fundirse en la respiración, en los fraseos, en el colorido sonoro y en todo lo que constituye una gran interpretación. Sin ella, la obra no tendría principio, pero con ella sola, insolentemente presente, el texto se transformaría en una monstruosa mecánica con sensación de máquina infernal. No se trata de robotizar la música, sino sólo de darle su estructura de base rítmica a la que vendrán a incorporarse la vida, la expresión y la belleza.

Esta pulsación es comparable a la trama de un tapiz, que permite entrecruzar los hilos y crear así formas y dibujos de colores variados. Es necesaria, vital e indispensable, pero no suficiente.

La técnica del tapiz crea la vida en su forma más elemental, pero no es comparable en nada a una máquina de coser. Pues esta pulsación podrá moverse en su «tempo», igual que nuestro pulso acelera o ralentiza su ritmo según nuestras actividades o nuestro estado de salud.

Gracias a ella comprobamos si una obra es más humana, más apasionada, más tranquila o si es testigo de la eternidad: dicha pulsación participará en los grandes momentos de creación.

¿Qué sucede en la vida? El hombre reacciona ante las sensaciones, los sentimientos y los impactos de la vida cotidiana en su propio mundo interior. Una emoción fuerte, la fiebre, una sorpresa, una pasión violenta pueden modificar los latidos de nuestro corazón; cuando corremos, el pulso se acelera: pero incluso cuando late más aprisa, permanece regular, mantiene un ritmo... o es que estamos enfermos...

Sucede lo mismo en la música: existen los «accelerandos» y los «ritardandos». Cuando son realizados por la pulsación del pequeño valor que acelera o ralentiza con regularidad, aparecen asombrosamente naturales. Porque ¿cómo podría ralentizarse con los valores largos, como en el caso de las redondas, por ejemplo, si no fuera por este pequeño valor que pierde insensiblemente velocidad y hace parar la frase sin tropiezo?

Tomemos un ejemplo de «ritardando» por el pequeño valor de las *Escenas de Niños,* de Schumann: «El niño se adormece»:

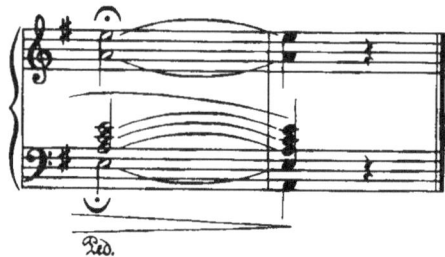

Los grandes intérpretes poseen la ciencia de hacerlo todo de forma natural y nos evitan la anarquía que reina a veces en los «accelerandos» caóticos o en los «ritardandos» soporíferos.

Conforme un texto musical expresa más lo humano, bajo todas sus formas, mayor es el peligro de ver modificada su pulsación profunda. Cuanto más trasluce perspectivas metafísicas, un mundo de eternidad, más inmutable permanece su pulsación.

Los «Andante» o «Adagio» de ciertas sonatas de Beethoven, que sitúan al hombre en su creación cósmica, exigen una inevitable pulsación. La emoción generada por estos movimientos lentos procede justamente de la presencia de aquello que nos trasciende; solamente un impulso que no sea alcanzado por los caprichos del hombre tiene el poder de abrirnos esa dimensión de eternidad.

Escuchemos el segundo movimiento: «Andante con moto» de la sonata para piano *opus* 57 de Beethoven:

¿Oímos interiormente las corcheas que no están escritas? Estas corcheas, ausentes en apariencia, deben latir como un pulso de eternidad.

Y el principio de las variaciones de la sonata *opus* 111:

¿Sentimos vibrar en silencio las semicorcheas, inmutables, estén o no escritas?

En toda página que trasluzca la eternidad encontraremos la pulsación regular e infinita de un más allá que trasciende y transfigura al hombre.

Por contra, cuando sólo el hombre esté en juego, puede someter la pulsación a su capricho.

Una obra nos proporciona un conmovedor ejemplo de esta dependencia de la pulsación si es el hombre el que habla, y de su inmutabilidad si pasa a un nivel superior. Se trata del *Preludio, Coral y Fuga* de C. Frank.

Veamos, en el *Preludio*, hasta qué punto los estados de ánimo del hombre influyen sobre la movilidad de la pulsación: la simple indicación «a capriccio» nos orienta sobre el aspecto humano de este pasaje.

Pero un poco después, esta meditación restablece una pulsación soberana:

En el *Coral* la dimensión metafísica se mezcla con la oración humana. El pedal del órgano en su posición más baja (aunque sea una obra escrita para piano) logra una pulsación de eternidad y en ningún caso debe moverse. El hombre que reza, en la parte de arriba, se expresa intensamente, pero su voz se acomoda a ese latido interior que le sitúa frente a algo que es más grande que él. El canto humano deberá encontrar su emoción en la belleza y en la profundidad del sonido, pero no en el empleo de un «rubato» totalmente fuera de lugar aquí.

Estas pulsaciones son, pues, fundamentales en toda obra; sus latidos nos abren perspectivas de expresión diferentes y nos hacen oír el corazón de la música.

No olvidemos nunca que la música es parte del ritmo; representa la vida en el estado puro; es la base sobre la que van a integrarse las otras formas de vida: sensible, psíquica y espiritual. Lo mismo que el corazón, que asume su función sin saberlo nosotros, sin tenernos en cuenta, el ritmo se hará olvidar en apariencia, permanecerá escondido y discreto, pero estará constantemente allí, estable y tranquilizador.

Todo gran intérprete posee este corazón musical que late en él naturalmente, si le ha sabido dar su lugar en el mismo punto de partida de la re-creación de una partitura.

A este propósito, haré un paréntesis para decir algo sobre el uso del metrónomo.

Una persona que no tiene ritmo, que no siente la pulsación, no adquirirá esta función vital con el empleo del metrónomo, aunque lo use muchas horas al día. Desengañémonos: el metrónomo funciona fuera de nosotros y es fácil vivir su presencia de forma pasiva, fuera de una realidad viviente, sin que uno se sienta afectado. En cierta manera se trata de un cuerpo extraño.

Quizá, en ciertos casos, puede ser útil como intermediario, a condición de escucharlo con interés, de implicarse realmente y de intentar meter su pulsación en los centros nerviosos. No puede ser útil sino en la medida en que aquel que lo oiga llegue a encarnar interiormente lo que le viene impuesto desde fuera.

Pero la mejor manera de vivir una pulsación es integrarla en vivo, absorbiéndola por medio del cuerpo en su ritmo regular y profundo. Debe, literalmente, ser encarnada. Hemos visto hasta qué punto los niños negros tienen un sentido innato del ritmo porque desde su nacimiento participan, sobre las espaldas de su madre, del balanceo, del ritmo que producen los pasos cotidianos. El ritmo no es ni cerebral ni intelectual: es físico —diría que casi carnal—, semejante a una función vital.

Una última observación sobre esta noción fundamental del ritmo parece obligada: No lo confundamos con el «tempo» de una obra.

Cuando andamos, tenemos cierto «tempo»; si comenzamos a correr, el «tempo» se acelera. Cuando nos acostamos, el «tempo» se para..., pero nuestro corazón continúa latiendo. El «tempo» representa una velocidad de marcha, de desplazamiento; traduce una idea de movimiento. La pulsación es el reflejo del ritmo, el testimonio de un motor interno. Un vehículo parado con el motor en marcha no tiene «tempo», pero conserva un ritmo, independientemente de que no esté en movimiento. Me parece muy importante no confundir estas nociones de «tempo» y de ritmo. Hablaré más adelante del «tempo», de su importancia, de sus exigencias, pero desde ahora situemos cada elemento en su lugar, antes de unirlos a todos más tarde en una interpretación que los abarcará y fundirá a todos.

La respiración del ritmo

Con el CORAZÓN-RITMO tenemos un elemento vital y, por tanto, fundamental. Otro se revela igualmente indispensable, tanto para la supervivencia del hombre como para la de la música: son los PULMONES y la FUNCIÓN RESPIRATORIA que generan.

Como veremos, esta asociación CORAZÓN-PULMONES se hace omnipresente en una partitura. Asegura la base misma de la vida instintiva y soberana. Un ser que se asfixia, se siente trágicamente condenado; una música que no respira, brota ya esclerotizada.

La RESPIRACIÓN humana está constituida por la alternancia de la INSPIRACIÓN y de la ESPIRACIÓN... Nadie puede vivir sin inspirar y espirar. Una respiración regular, que vive su propio ritmo, da una sensación de seguridad, de paz, de equilibrio. Todos los métodos de descanso, de relajación, se apoyan en una excelente técnica respiratoria; denota la importancia que tiene la respiración sobre el equilibrio profundo de un ser. Y se altera fácilmente por la angustia o por las emociones fuertes. Esto sucede también en la música...

¿Bajo qué forma encontraremos en una partitura este ritmo respiratorio, hecho de inspiración y de espiración? Simplemente en la alternancia de TIEMPOS DÉBILES y de TIEMPOS FUERTES. Tal es el verdadero significado de las cifras 2/4, 3/4, 4/4, etc., cuyos numeradores simbolizan la unión CORAZÓN-PULMONES. Es lo que yo llamo la RESPIRACIÓN DEL RITMO.

Las famosas pulsaciones irremediables, a la manera de martillos neumáticos, se organizan en tiempos y pierden su faceta mecánica para ponerse a respirar como los pulmones. La vida física cobra cada vez más importancia para asumir sus funciones principales.

Analicemos más de cerca esta fabulosa fuente de vida:

Los tiempos FUERTES corresponden a la ESPIRACIÓN.

Los tiempos DÉBILES, a la INSPIRACIÓN.

Tiempos fuertes no significan acentos, sino simplemente una afirmación, como la espiración en la respiración: lejos de ser apoyos establecidos, constituyen un impulso que permite al ritmo reanimarse y rebotar.

En el plano de la vida, no olvidemos nunca que la música descansa sobre los tiempos débiles o partes débiles de tiempo. Los tiempos fuertes aseguran el ritmo; los tiempos débiles, las salidas. De la ignorancia de este principio surge, a menudo, la ausencia de vida en determinadas interpretaciones; los grandes Maestros, por contra, hacen de esta ley una evidencia.

Los tiempos débiles tienen, pues, una importancia considerable en el plano expresivo, puesto que son el principio de la respiración, el impulso, el volver a empezar siempre, como la inspiración dentro de la respiración humana.

¿Por qué hacer partir la respiración humana de la inspiración? Tenemos la respuesta en la respiración ternaria. Todo el mundo sabe que la respiración normal es binaria, dado que procede de una alternancia regular de la inspiración y de la espiración. Pero cuando se duerme, con el sueño, esta respiración se hace ternaria; y en este momento, ¿dónde se sitúa la pausa, la parada? Justamente después de la espiración. Tenemos el siguiente ritmo; inspiración, espiración, parada; inspiración, espiración, parada. Es una clara demostración para probar que la respiración se basa en la inspiración, y en música, en los tiempos débiles o en las partes débiles de tiempo. Por otra parte, la verificación se comprueba en los compases de tres por cuatro, ternarios, por consiguiente como la respiración en el sueño. La respiración interna de un compás de tres por cuatro es: 3/12, 3/12, 3/12...

Estas cifras representan los tiempos de un compás. Los principios de la respiración en los terceros tiempos (tiempos débiles) son totalmente independientes del ritmo y de la pulsación particular que contienen los primeros tiempos.

Tomemos por ejemplo el minueto del *Tombeau de Couperin,* de Maurice Ravel:

Independientemente de las frase y del ritmo, si la respiración se hace por los tiempos 1, 2, 3 la música se esfuma. Si se regula sobre los tiempos 3, 1, 2 una corriente de vida nos traspasa entonces irresistiblemente.

Cuando la música se desea angustiada, anhelante, febril o caótica, la escritura intenta desarticular el ritmo natural generando acentos sobre los tiempos débiles o las partes débiles de tiempo, sobre los contratiempos, lo que crea un conflicto, una relación de fuerzas entre los tiempos débiles acentuados y los tiempos fuertes.

El caso es frecuente en la obra de Schumann, compositor angustiado por la perfección.

Por ejemplo, en la *Fantasía* para piano:

Y más adelante, estos acentos en forma interrogativa:

Pero atención al peligro que constituyen estos acentos y a la confusión que pueden provocar en una interpretación. No deben transformar en tiempos fuertes esos tiempos débiles o tales contratiempos. Contratiempo significa «CONTRA UN TIEMPO». Los tiempos fuertes son indispensables a la estructura rítmica básica; mantienen una garantía de seguridad. Un acento sobre un tiempo débil o sobre un contratiempo viene justamente a contrarrestar esta seguridad para entrar en conflicto con ella. En la medida en que no se sustituye a los tiempos fuertes, sino que entran en conflicto con ellos, estos acentos son portadores de angustia, de duda, de rebeldía y de drama. Un acento sobre un contratiempo (o sobre un tiempo débil) nunca será, pues, «apoyado», sino al contrario (como en la inspiración). No es expresión de una seguridad ni de una incertidumbre, sino de una interrogación, de un grito, de una duda.

El acento es totalmente independiente de la respiración natural del ritmo establecido por la alternancia de tiempos fuertes y débiles. Puede venir a reforzar los tiempos fuertes, como intentar contrarrestarlos. Viene a unirse a esta ley de la respiración; es un elemento MÁS, que no actúa en detrimento de otras funciones vitales.

Los acentos en contratiempo o sobre tiempos débiles, por su misma significación, encontrarán un terreno predilecto en las obras de música romántica. La escritura musical sigue las leyes esenciales de la vida. Impresiona constatar que la pulsación y la respiración musicales sufren —bajo el impulso de expresiones particulares— las alteraciones que afectan la pulsación cardiaca o la respiración humana en las mismas circunstancias de vida. Los acentos, creando contratiempos más fuertes, constituyen una anomalía en la ley de la respiración natural; pero ¿qué pasa cuando estamos angustiados o bajo la influencia de una crisis de llanto? Nuestra respiración está igualmente alterada. La misma palabra —«SÍNCOPE»— se aplica igualmente a una escritura musical perturbada en el plano de la respiración y a un trastorno patológico en el funcionamiento del cuerpo humano. ¡Qué extraña semejanza! Las leyes de la música y de la vida continúan su camino paralelo y cada paso adelante sirve para confirmarlo todavía más.

Los pulmones - la respiración de la música

Después del descubrimiento del CORAZÓN-RITMO y de su asociación con los pulmones creando la «RESPIRACIÓN DEL RITMO», abordamos otro estadio de RESPIRACIÓN que va mucho más lejos que el de los tiempos fuertes y débiles. Se trata de la respiración de la música propiamente dicha, que nos hará vivir al ritmo de los fraseos.

Toda partitura se construye según unas líneas de pensamiento, largas o cortas, que utilizan las líneas divisorias en provecho de una expresión y de una respiración más ágiles.

La música, en general, se desarrolla en fraseos de cuatro compases, pero estos cuatro compases pueden subdividirse en 2 + 2 ó 2 + 1 + 1, ó al contrario, prolongarse en 2 × 4 = 8 compases, y a veces, incluso 2 × 8 = 16. Y esto es prodigioso, porque la movilidad de estas frases nos hace respirar más o menos rápidamente y nos da la sensación de una «accelerando» o de un «ritenuto» de la expresión, sin que el «tempo» cambie claramente, a semejanza de la respiración de un ser humano que, en función de la calma interior o de la excitación, se hace más o menos larga o entrecortada.

Tenemos un admirable ejemplo en el 17.° Preludio para piano de Federico Chopin.

Ocho compases para plantearse una pregunta (sobre la dominante):

Otros ocho para responder (situados sobre la tónica):

Por tanto, dos veces ocho compases: dieciséis compases.
Después, dos veces dos compases:

Luego, el fraseo que evoluciona por compás:

para volver a dos compases:

Si vivimos realmente estos fraseos, sentimos que un «accelerando» parece desprenderse de la escritura, mientras que el «tempo» y la pulsación profunda no cambian. Esta relación entre el corazón y los pulmones es un milagro de cada instante en la vida de una partitura. La respiración vivida así, al ritmo de los fraseos, nos hace pasar de la vida física de un texto musical a su vida sensible y psíquica, porque tales fraseos son el reflejo de los sentimientos, de los estados del alma, de visiones en constante evolución.

Esta escritura en movimiento da lugar a la alternancia de los tiempos fuertes y débiles: los primeros tiempos inscritos en una más vasta curva se funden en el fraseo general. Por el contrario, cuando éste evoluciona por compás, recuperan todo su valor los tiempos fuertes. Pero no olvidemos que cuando un canto o una frase se desarrollan en largos fraseos, otra parte (en general, de acompañamiento) mantiene la pulsación de los tiempos fuertes. De esta oposición de los fraseos nace, entre las diversas voces, todo el capricho de una improvisación, de una fluctuación de pensamiento, sobre un corazón que continúa latiendo.

Andantino grazioso

Tenemos un ejemplo asombroso en la segunda pieza del *opus* 119 para piano de Brahms.

Si sabemos leer una partitura, comprobamos que cada elemento nuevo nos aleja del lado mecánico que constituye la base de su existencia. La pulsación se funda en un contexto de vida cada vez más complejo. Por tanto, no tengamos miedo a incorporarla desde el principio, ya que ella encontrará, poco a poco, su lugar exacto, esencial, aunque secreto y escondido.

Cuando abordamos un texto musical, miramos inmediatamente otros signos además de las notas, en particular estas líneas de respiración y esos enlaces de acentuación que van a orientar nuestro trabajo proporcionándole otras luces.

Toda noción de respiración implica el elemento «AIRE». Un intérprete debe aprender a respirar si quiere traducir la dimensión de espacio contenida en la música.

Del mismo modo que él integra en sus centros nerviosos la pulsación de una obra, le es necesario vivir musicalmente este «pneuma», fuente verdadera de equilibrio y de vida. ¡Cuántas veces oímos interpretaciones con una respiración deficiente, que, al faltarles el aire, nos asfixian! Aun entonces es bueno ir más allá de las notas, más allá de los signos, reencontrar lo esencial que se ha perdido en el camino, cuando el compositor ha materializado lo inmaterial.

Respetemos la ley ESPACIO-TIEMPO: cuando la escritura se alarga en un paroxismo de expresión, alejando, por ejemplo, cada vez más las notas bajas, es evidente que el espacio ampliado reclama un tiempo más largo; todo esto es imponderable y no puede expresarse por escrito.

Tomemos un ejemplo en la tercera balada de Chopin:

Se trata de una respiración interna que llega a su apogeo cuando se alejan las notas bajas. No aprovechar la ocasión de vivir este instante de plenitud revelaría una falta de sensibilidad y de comprensión del texto. Basta una centésima de segundo para este alejamiento en el espacio. Un salto en una frase lí-

81

rica (o en el acompañamiento de un canto) exige que se tome el tiempo para hacerlo. Los cantantes lo saben bien; pero están acostumbrados a contar con la respiración y viven en armonía con ella. Conocen su torrente de voz de la misma manera que un director de orquesta utiliza la extensión de un redoble.

Esta ley es también aplicable a una escritura rápida, apretada, procediendo por grados conjuntos, que se despliega en fórmulas de notas alejadas y disjuntas. Una centésima de segundo repartida entre estas fórmulas suprimiría un efecto desafortunado de precipitación.

Esta relación ESPACIO-TIEMPO forma parte de las leyes fundamentales de la respiración. Interviene a menudo, sobre todo en la música romántica, pero tan imperceptiblemente que los no iniciados pueden no descubrir sus manifestaciones. Una gran interpretación se compone de estos imponderables, que son el reflejo de la vida misma.

No creemos que esta respiración compleja se oponga a la pulsación; todo lo contrario. Y no puede expresarse más que si la pulsación se mantiene justamente presente, aunque debe integrarse en las demás leyes de la creación y vivir en buena armonía con los diferentes elementos vitales. La respiración constituye el marco en el que brotará la inspiración musical.

7
LA VIDA SENSIBLE Y PSÍQUICA DE LA MÚSICA

Después de haber analizado la vida más instintiva de una partitura —ritmo y respiración—, llegamos al umbral de su vida sensible.

Un hombre no puede vivir sin corazón y sin pulmones: son los testigos de la vida o de la muerte. Pero ¿qué existencia sería la suya si estuviera privado de sus sentidos y de las formidables energías que contienen su cuerpo y su espíritu? ¿Tendrá una vida agradable por el mero hecho de que su corazón y sus pulmones asuman su función? Nada es menos seguro. A un ser humano pueden amputársele diversos miembros que alterarán su vida, haciéndosela más difícil e incluso insoportable. Incluso puede verse obligado a guardar cama sin ninguna esperanza de mejoría.

Lo que hemos desarrollado en los capítulos precedentes es, pues, primordial para que la música viva. Pero sobre esa vida se ha de injertar otra: la «VIDA» tal como la captamos, la descubrimos, la asumimos; una vida sensible, afectiva, psíquica, cotidiana, hecha de seguridad y de imprevistos, de evidencia y de imaginación, de realidad y de ensueño. Una partitura entraña todos los secretos de una vida en sus múltiples facetas.

Tonalidad

Veamos, ante todo, el clima en el que va a desarrollarse esta vida. ¿En qué tonalidad básica vamos a movernos? ¿Qué indica la clave? ¿Tres bemoles? ¿Cinco sostenidos? ¿Estaremos en tono mayor? ¿En tono menor? Muchos cambios nos esperan, sin duda, en el transcurso del camino, y modulaciones imprevistas nos arrastrarán posiblemente lejos del país de origen..., ¡pero no importa! Es ahora cuando empieza el verdadero interés de la vida.

Si un compositor prefiere una tonalidad cuando escribe una obra, es que encuentra en ella un terreno favorable para el despliegue de su visión. No escogerá la tonalidad de mi bemol menor para desarrollar un tema luminoso, desbordante de felicidad y esperanza. Una tonalidad determinada se impone, por tanto, a la expresión de un sentimiento, de un estado de ánimo, de una percepción.

Cuantos más sostenidos comporte una tonalidad, mejor expresará la luz y la alegría: escuchemos el final de las *Variaciones sinfónicas,* de César Frank, para piano y orquesta. Está escrita en fa sostenido mayor.

Cuantos más bemoles concurran en una tonalidad, mayor será el testimonio de la oscuridad, del dolor, de la desesperación: la sonata en si bemol menor de Chopin no usurpa, sin duda, su nombre de «FÚNEBRE».

He ahí dos ejemplos extremos, puesto que la tonalidad MAYOR, en FA SOSTENIDO, y la MENOR, en SI BEMOL, vienen a reforzar la coloración del punto de partida de los sostenidos y bemoles. Los modos mayor y menor intervienen también para acentuar o atemperar una tendencia.

En las 32 variaciones para piano, de Beethoven, tenemos un ejemplo asombroso de las tonalidades menor y mayor.

El tema, dramático, inexorable, sin esperanza, está en do MENOR:

Once variaciones en la tonalidad del tema expresan el miedo, la revolución o la súplica dolorosa. Más adelante, el mismo tema reaparece, pero en MAYOR:

85

Portador de esperanza, haciéndonos esperar un milagro,
termina el drama. Este tema en DO MAYOR genera cuatro
variaciones y las dos primeras traslucen una felicidad absoluta.

La tercera, de ritmo ternario en lugar de binario, crea una inseguridad, un interrogante en esa felicidad entrevista:

Y la cuarta, por la explosión del ritmo (cuatro notas contra tres) entrecortado por silencios anhelantes, nos hace presentir el retorno del modo menor en la siguiente variación, debido a que la felicidad está ya demasiado alterada.

Y, en efecto, la tonalidad del do menor se instala de nuevo y nos hace comprender que aquella felicidad no era más que un sueño pasajero.

Si sabemos leer una partitura incluso sin tocarla, asistimos a una evolución muy interesante. Porque el drama vuelve de nuevo en las dos últimas variaciones en tono mayor por una modificación del ritmo y no inmediatamente por un cambio de tonalidad. Estamos aún en mayor, pero el ritmo se desfasa y se descompone luego, todo ello antes que la reaparición del modo menor nos vuelva a situar frente al drama.

Con este ejemplo constatamos la compleja imbricación que puede haber entre tonalidades y estructuras rítmicas. Antes de abordar una partitura elemento por elemento, para ir más al fondo de cada una de ellas, es importante ver hasta qué punto son solidarios entre ellos.

Según la escritura, una tonalidad mayor puede no expresar alegría y una tonalidad menor puede aportar luz, debido a otros elementos que las acompañan. Muchos elementos hay que tener en cuenta: la armonía, la variedad de los fraseos, los ritmos, los signos de acentuación... Es imposible hacer la disección de la música: ella constituye un todo indisociable, como un ser humano; pero su mirada, su modo de andar, su morfología, nos ayudan a perfilarlo mucho mejor.

Avancemos un poco más en el conocimiento de lo que da la vida a una partitura, sin olvidar jamás que es una unidad enriquecida por todos los elementos que la componen.

Armonía

Dentro de esta vida sensible, la armonía ocupa un lugar preponderante. Ella reúne los sonidos, los organiza y crea así el lenguaje sonoro en su misma esencia. Las grandes leyes de la armonía constituyen mundos vibratorios que permiten al alma expresarse.

Una lengua traduce el alma de un pueblo; un lenguaje armónico expresa el alma de una partitura y, por ende, la del compositor.

Todo sonido emite vibraciones; algunas las percibimos y otras escapan a nuestro sentido auditivo, pero nos penetran más allá de la conciencia. No olvidemos que, físicamente, somos seres limitados y captamos una ínfima parte de lo que nos rodea. Ciertos animales perciben ultrasonidos que nuestro oído ignora, pero no nuestro sistema nervioso. La escala de sonidos que retiene nuestro oído humano es, a la postre, bastante restringida. Más allá de los límites impuestos por nuestros sentidos, ciertas antenas nos permiten percibir lo intangible, lo inaudible, lo no visible.

Sabemos que el poder de los sonidos es inmenso, sea constructivo o destructivo. De su asociación puede nacer la belleza, la magia, pero también la realidad y la agresividad. El sentido común dado a las palabras «armonía» y «armonioso» debería descubrirnos todo un mundo de equilibrio.

¿Qué nos aporta de inmediato la armonía en la vida de una partitura?

Engendra la escultura y arquitectura de la obra, pero a un nivel más interior que la forma. Si la forma representa una catedral o una casa, digamos que la armonía es el testigo de la arquitectura interior. ¿Hay en la catedral muchas capillas? ¿Están desnudas o decoradas? La casa ¿está habitada? ¿Cómo? La forma es un marco que puede contener más o menos vida, bajo muchos aspectos. La armonía nos informa de esa vida.

Las cadencias

A propósito de la arquitectura interior, las CADENCIAS serán nuestros puntos de referencia, los muros internos, los tabiques de la habitación.

Una cadencia perfecta concluye: un capítulo se termina o bien una frase. Es la señal de un fin, de una certidumbre, de una afirmación. Después, se sitúa una nueva salida. Vivamos estas cadencias tomando conciencia de su importancia, ya que ellas estructuran el discurso musical en períodos definidos. Ignorarlas en una interpretación es un error fundamental que puede dar lugar a otros muchos. No pasemos por alto jamás la seguridad que aportan; son los lienzos de los muros esenciales de la construcción. ¡Cuántas veces oímos cadencias perfectas que no tienen un valor de conclusión y desaparecen dejándonos una sensación de desequilibrio!

Una cadencia imperfecta vacila en el último momento, en su vigor conclusivo.

Una cadencia rota origina la sorpresa; es una ruptura con el clima ambiental, con lo ya dicho, una llave que abre lo imprevisto, descubriendo horizontes a veces muy lejanos. Por un cambio de iluminación conduce hacia lugares inesperados. Las cadencias rotas encierran en sí mismas una riqueza de infinitas posibilidades. ¿Somos nosotros los primeros sorprendidos cuando las descubrimos?

La dominante

Todas esas cadencias han salido de la DOMINANTE. Vemos que, en ese sentido, es un disco que nos permite ir por todas partes. Toda parada sobre la dominante (semi-cadencia) refleja una incertidumbre, una vacilación, un nuevo potencial, una duda, un interrogante; la duda se resuelve si genera una cadencia perfecta, pero ella misma se queda en suspenso un momento que ofrece múltiples aperturas sobre lo desconocido, sobre un mundo insospechado. ¿SENTIMOS REALMENTE LAS DOMINANTES?

¿Les sabemos dar ese sabor de incertidumbre de un alma que duda? ¡Cuántas veces, los acordes de la dominante son tratados igual que los acordes de una tónica, con una seguridad prostituida que crea malestar! Más que los otros instrumentistas, son los pianistas los que cometen este error insoportable. Una dominante —o un acorde de dominante— debe siempre permanecer en suspenso, expresando una espera psíquica momentánea. Destacar una dominante es un contrasentido, algo así como andar con los pies por alto y la cabeza en el suelo. Incluso cuando un acorde de la dominante cae sobre un primer tiempo, no es afirmativo.

Ciertas obras empiezan sobre un acorde de la dominante. Tenemos un ejemplo de ello en la sonata para piano *opus* 101 de Beethoven.

Maravillosa incertidumbre, que nos hace volar lejos de toda realidad...

Cuando se traicionan las leyes más elementales de la armonía, un texto musical —en el inicio mismo de la interpretación— está viciado ya en su estructura, en su contenido expresivo y en su propia vida.

Las notas sensibles

En el plano de la vida sensible ¿qué nos evocan estas notas bautizadas tan justamente como «sensibles»? ¿Sentimos su poder de expresión que a veces nos desgarra el corazón? ¿Cómo se puede permanecer indiferente a su aguda sensibilidad?

Como las dominantes, también ellas tienen su personalidad, su papel que desempeñar, su contenido emocional. Su fragilidad es conmovedora con frecuencia en el límite de lo soportable; lastimadas y doloridas, claman por una solución que las tranquilice. ¿Como es posible que la mayoría de virtuosos actuales las atropellen cuando las encuentran, sin vibrar en ese mundo «sensible» que transmiten? ¡Entre las oleadas de técnica que derrochan, ni siquiera las oyen! Una ejecución que ignore los dominantes y las notas sensibles se habrá metido, sin remedio, en un callejón sin salida.

Las modulaciones

En cuanto a las modulaciones, constituyen el dominio ilimitado hacia el que nos conduce la armonía, dentro de su vida sensible en estado puro.

Portadoras de paisajes interiores, son reveladoras de los estados del alma. Cada tonalidad tiene su sentido específico, pero, según el contexto dentro del cual evoluciona, evocará mundos distintos. Con las modulaciones entramos en el mundo de lo imaginativo, de lo visionario en música, un mundo en el que todo es posible. Ciertos compositores —por ejemplo, Schubert— han llevado el arte de la modulación hasta la magia. Sin ser un arquitecto ni un constructor nato, ha dado rienda suelta a la imaginación, encontrando su expresión en esta forma de improvisación, que es la creatividad del instante presente.

Las modulaciones ponen de manifiesto con gran frecuencia

la calidad de la imaginación, la riqueza de visión en lo que tienen de impalpable. Un intérprete que no sea particularmente sensible a las modulaciones debe abstenerse de tocar obras en las que predomine lo visionario y lo imaginativo: tales dimensiones son, efectivamente, exponentes de un mundo que, enraizado en la pura sensibilidad, no se puede aprender. Estamos ante el lenguaje del corazón, que escapa a las explicaciones.

Todos estos elementos sensibles de la música, para ser descubiertos, no deben proceder nunca de un análisis intelectual. El verdadero artista los «vive», los encarna dentro de su ser y los mete dentro de su corazón de intérprete.

Forman parte del aprendizaje del músico. Pero ¿por qué el aprendizaje del instrumentista —que poco a poco lo puede llevar a ser un virtuoso— no se completa con ese aprendizaje del músico que le permitiría convertirse en artista y en Maestro? ¿No se produce aquí una grave amputación del ser? Cuando el trabajo ha sido orientado desde sus principios hacia la creación, no es necesario preguntar dónde están las cadencias, las dominantes o las notas sensibles, ni qué significan las modulaciones. En la primera lectura, la partitura habla al oído y al corazón, debido a que el lenguaje musical ha llegado a ser lo que debe ser para todo músico: una lengua natural.

Pero el acercamiento a la música, dentro de la enseñanza, ¿es vivo o cerebral? ¿No hay aquí un problema crucial? Lo veremos más adelante.

Los cambios de escritura

En una obra musical, otro signo, gráfico en esta ocasión, nos pone en contacto con su vida sensible y psíquica.

Se trata de los CAMBIOS DE ESCRITURA. Si nuestros ojos contemplan una partitura, comprueban que, en ciertos lugares, la escritura se modifica. Nos preguntamos: ¿por qué? ¿Nos damos cuenta de que cada uno de esos cambios expresa una evolución del pensamiento de la percepción o del sentimiento del compositor? Una escritura en acordes que se convierte en lineal tiene un sentido; también lo contrario. La escritura sigue el pensamiento o la percepción del compositor a medida que aquéllas evolucionan. Será útil que sigamos ese proceso.

Las modificaciones de escritura raramente suponen una ruptura total. Cuando ésta se produce es porque existe el deseo de provocar un cambio brutal, una oposición; y eso puede ocurrir. Pero, en general, los cambios se introducen mediante PASAJES DE TRANSICIÓN que tienen una importancia capital, en toda gran interpretación, porque son los hilos conductores que nos llevan con una luminosa evidencia hacia los paisajes más opuestos, hacia los sentimientos más contradictorios en apariencia.

Estos pasajes de transición son más o menos largos, pudiendo durar una o más líneas y constar solamente de algunas notas. Representan los trayectos que, en nuestra vida, nos permiten ir de un punto a otro: ¿unos pasos, una hora de camino, tres horas de tren? Cada uno tiene su propia medida en el tiempo y en el espacio. Nos hacen alcanzar parajes diferentes, muchas veces lejanos. En el plano psíquico, también existen los trayectos: puede suceder que pasemos con mucha rapidez de un sentimiento a otro; en estos casos son las transiciones las que permiten a la personalidad no desmoronarse, sino permanecer equilibrada y unificada. Una vida sin trayectos —físicos o psíquicos— no es concebible. Y ocurre lo mismo con una partitura: las transiciones cooperan a la unidad de un texto a través de sus diversidades y su complejidad. Sin la claridad que ellas aportan, los oyentes se encontrarían perdidos; seguirían algunos temas sin comprender el camino por el que transcurre la obra hasta verse delante de grandes agujeros negros. La lógica con la que evoluciona un texto le permite conservar su equilibrio. Las páginas de transición son los conductos de una evolución que se manifiesta durante los cambios de escritura. Un gran intérprete tiene el secreto y el arte de utilizarlos para iluminar los caminos más insólitos y hacérnoslos evidentes. Los pasajes de transición vividos son siempre indicio y señal de una superior interpretación.

Los matices

Hay otros elementos que nos salen al paso en un texto musical.

Entre ellos: LOS MATICES. No nos contentemos con respetarlos sólo porque estén escritos, limitándonos así a la «letra», sino que debemos buscar su ESPÍRITU. ¿Por qué están ahí precisamente, escritos en ese lugar exacto? ¿Qué quieren decir? ¿Cuáles han sido los motivos? Vivámoslos con la expresión que piden, puesto que tienen una razón de ser. Son los indicios de una evolución, del cambio de atmósfera, del carácter, de estados de ánimo, de la lucidez, de la intensidad. Su misión es primordial, ya que van a determinar el equilibrio sonoro de una obra. No están aislados, sino en continua relación: en una partitura, los matices crean entre ellos una arquitectura sonora que, como los colores, alumbran verdaderas pinturas.

No olvidemos nunca que la música se dirige al oído mediante sonidos que impresionan al hombre en lo más profundo de su sensibilidad, llegando incluso hasta sus centros nerviosos. Por el impacto que producen, harán vibrar las fibras más secretas del ser. ¿Nos damos suficiente cuenta de la importancia que tiene el campo sonoro, y del equilibrio o desequilibrio que puede generar?

En la vida de la música, como en la del ser humano, debe existir una armonía en tal sentido. Un hombre no se pone a chillar, para pasar a cuchichear un momento después: y no chillará durante todo el día ni cuchicheará durante horas, salvo ¡que sea un caso grave! En la vida diaria se habla «mf»: es un nivel sonoro que permite subir el tono o bajarlo.

En música, el matiz «mf» quizá sea el más difícil de realizar y en muchas ocasiones se halla ausente de las interpretaciones. Sin embargo, es la clave en torno a la cual se van a articular los matices «p», «pp», «ppp» y «f», «ff», «fff».

Busquemos la dosificación que condiciona el equilibrio sonoro y la dosificación de la fuerza. El matiz «f», con frecuencia, está también mal realizado y se confunde con «ff», cosa que ocurre más entre los pianistas que con el resto de los instrumentistas. No obstante, basta con poner con naturalidad las manos sobre el teclado para obtener un «f» sin forzar. ¿Por qué al ver un «f» se ponen los pianistas a golpear su instrumento sin razón alguna? Esa es la causa de que algunos estudios de Chopin (me refiero, por ejemplo, a los tres últimos del *opus* 25) se vuelvan inaudibles. Exigen una progresión en la fuerza, desde «f» o «ff», que resulta imposible de regular si ya empiezan «ff» o «fff».

A lo largo de una partitura, debe establecerse una relación de matices, aun entre aquellos que son parecidos; los diferentes «f» o «p» tienen una equivalencia entre ellos. Las dosificaciones forman una trama sonora que crea una arquitectura y una poesía de matices armónicos dando a la obra una unidad de realización suplementaria.

No permitamos que abusen demasiado de los «crescendos» y

los «diminuendos». Veamos si modifican el matiz inicial y en qué medida lo hacen. Efectivamente, pueden hacerle evolucionar de manera tangible o espectacular reflejando un empuje interior, una fuerza que se alza, un sentimiento que se afirma, una visión que se plasma... En este caso, está indicado un cambio de matiz.

Pero también ocurre que no modifican el matiz de principio. Tales «crescendos» son frecuentes:

Tenemos una gran cantidad de ejemplos en los Estudios de Chopin. Si a la llegada de un «crescendo» el matiz no se modifica:

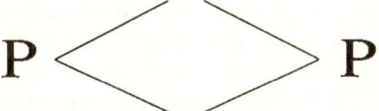

es que se trata entonces de un «crescendo» de presencia, de interés, de luz, antes que de fuerza. Atención a esos maravillosos «crescendos» de luz, que no tienen nada que ver con una aportación de fuerza real. El anterior ejemplo (estudio *opus* 25 n. 1 de Chopin) es una perfecta ilustración de lo dicho.

Vivamos los matices, con todo lo que aportan de sensibilidad en las iluminaciones, en los estados de ánimo, en las sensaciones y sentimientos. Son la fuerza viva del equilibrio sonoro y, por el mismo motivo, los elementos de realización de un mundo vibratorio armonioso

Situémoslos siempre dentro del contexto que los rodea:

— La forma musical escogida.
— La personalidad del compositor.
— La intensidad del contenido expresivo o descriptivo de la obra.

Anteriormente ya he abordado el tema a propósito de la forma con la que se inscribe una obra: un «f» de un breve preludio de Debussy será muy diferente de una sinfonía de Gustav Mahler.

El instinto y la sensibilidad deben unirse a la cultura y al conocimiento para guiarnos hacia una recreación viva y auténtica.

La puntuación

Ahora nos ocupamos de otra forma de vida, la que nos dicta la PUNTUACIÓN. ¿Qué es, pues, la puntuación? Está constituida por todos los signos que no sean las notas. En un texto literario, la puntuación proporciona todo su sentido a las palabras: las comas, los puntos, los signos de interrogación, de exclamación y los puntos suspensivos son referencias indispensables.

En música, la puntuación va a reclamar imaginación a cada instante, la recreación diaria, la improvisación en un marco conocido.

Analicemos estos signos más cerca: «legato», «staccato»,

«portando», acentos, fraseos, silencios, calderones, etc. Chopin decía que «no existían notas sin segunda intención»; añadiré que no hay SIGNOS sin segunda intención.

Tomemos los «staccatos»; hay diversas maneras de ejecutarlos: muy ligeros o, por el contrario, demasiado pesados, rebotando o forzados. En el piano pueden rebotar justo a ras de teclado o rebotar a fondo, siendo devueltos por el impulso de las teclas. Es posible hacerlos con los dedos, con los puños o bien con los codos. ¡Qué fantasía!

Lo mismo sucede con los «legatos». Varios medios se ofrecen a los pianistas: variando las articulaciones, los ataques de las teclas; «legato» exagerado de un canto, por los dedos que aseguran un total contacto pasando de una nota a la siguiente; «legato» por un gesto lateral de la muñeca; «legato» de acordes por el hombro. Todos son diferentes por su color, la duración de las vibraciones, las irradiaciones de sonido que desprenden. Los diversos elementos psíquicos utilizados darán lugar a una paleta sonora variada.

También los acentos presentan infinitas posibilidades de realización. Cada nuevo gráfico demanda un ataque específico según su significado:

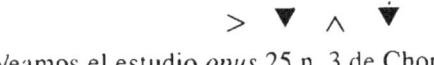

Veamos el estudio *opus* 25 n. 3 de Chopin:

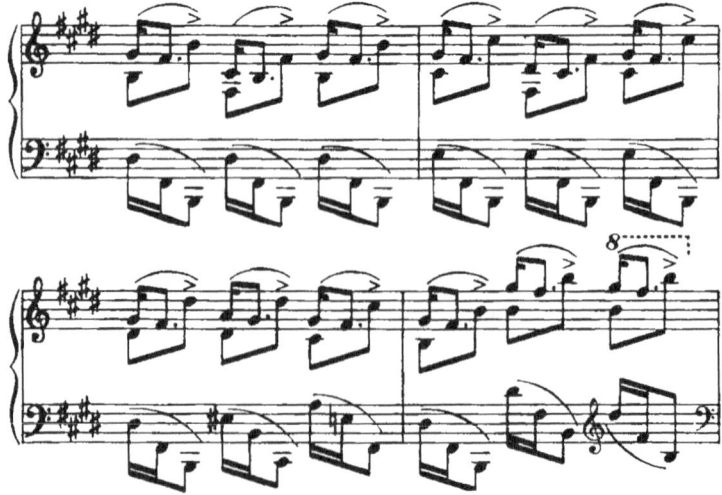

Los acentos > dan seguidamente lugar a un «fz», situándose sobre un punto al final de «legato».

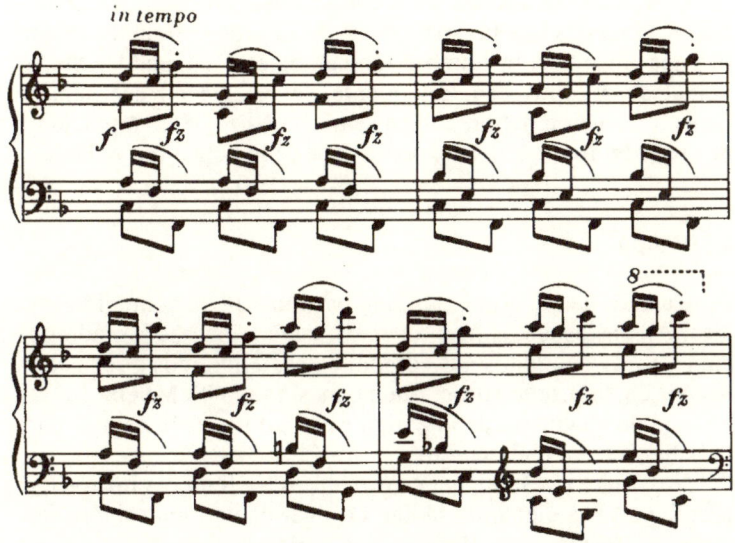

He aquí un típico ejemplo de cambio de puntuación en una
misma partitura.

Todos los signos que constituyen la puntuación crean la
vida en lo que ésta tiene de imaginativo, incluso diría que de
caprichoso. Imaginemos una partitura desprovista de estos signos: ¿no parecería privada de su fantasía? La visión de una
obra siempre renovada se justifica por la puntuación; porque
un cambio de instrumento, la acústica que varía en cada sala de
conciertos pueden conducirnos a la adaptación de ciertos ataques, en función de los nuevos elementos. Un pianista que da
cuatro recitales en cuatro ciudades distintas va a tocar en pianos desconocidos para él, en salas en que la acústica será siempre diferente. ¿Qué hacer sino recrear en cada circunstancia?
Los ataques, las formas de tocar, no pueden ser iguales en un
piano usado, situado en una sala sonora, que en un piano sordo
colocado en un recinto en el que las moquetas y las cortinas
absorben el sonido.

Se trata, pues, de la vida de todos los días y de las situacio-
nes imprevistas que nos depara y que no hay más remedio que
asumir y resolver. Pero todo gran artista posee resortes para

adaptarse y superar las dificultades que le salen al paso, soslayando así interpretaciones estereotipadas.

El hombre se adecua a las condiciones atmosféricas, térmicas, magnéticas y a las exigencias de la vida cotidiana. Un intérprete debe ser un hombre eminentemente adaptable. Su facultad de receptividad, felizmente, le orienta en ese sentido hacia la solución mejor. Nunca se queda corto de imaginación y de creación frente a los elementos que se le ponen por delante.

El tiempo

Cuando hemos integrado una partitura en su contenido musical, en sus aspectos más diversos, cuando hemos logrado una síntesis rica con todos sus componentes, tendremos que hacerla revivir en su propio ritmo, que no es sino el «TEMPO». La velocidad de ejecución de una obra es una dimensión capital para la belleza de su realización.

Nos obliga a ir al encuentro de ese «Tempo giusto» que permite a cada elemento hallar su lugar exacto: pulsación, respiración, arquitectura, dosificación, paleta sonora.

Todos tenemos un «tempo» natural que llevamos dentro de nosotros y que nos ayuda a realizarnos plenamente. Si las circunstancias nos obligan a ir demasiado deprisa, el «stress» puede apoderarse de nosotros, aparece la angustia y un cierto agobio físico y psíquico nos perturba. Y si, por el contrario, las condiciones de la vida nos obligan a ralentizar nuestro ritmo innato, asoma el disgusto alterando nuestras motivaciones y terminamos por perder el gusto por la acción.

Un texto musical maltratado en su «tempo» vive tales perturbaciones. Demasiada lentitud le hará ir arrastrándose, como a remolque, perder el hilo conductor de la obra, tener miedo a pararnos en un calderón por temor a provocar enojos, dar valor a silencios que no tienen ninguna significación... Demasiada velocidad hace que nos precipitemos, nos impide ser expresivos, desarticula los elementos del texto y acaba por asfixiar.

Este «tempo giusto» no es metronómico. Puede parecer más rápido en ciertos intérpretes que tocan más lentamente que otros porque la belleza del sonido, la presencia del artista, su estado de calma o de inquietud, su poder de transfiguración intervienen en la ilusión acústica.

Puede, pues, variar según los artistas, pero la diferencia no será importante. Un «adagio» será un «adagio» y no se convertirá en un «andante»; un «allegro» no será un «presto». El «tempo» está sujeto a determinados límites. «Allegro ma non troppo» significa que hemos de ir rápidos, a buen ritmo, pero sin correr.

El «tempo» es nuestra velocidad de desplazamiento, nuestra rapidez de acción. Respetémoslo; la música saldrá siempre beneficiada de ello. Sepamos a qué ritmo interior corresponde una indicación de «tempo». Antes de comenzar a tocar, metámoslo dentro de nosotros mismos para que podamos vivir, así, el ritmo de la obra y transmitirla en su autenticidad de movimiento: porque una verdadera anarquía parece haberse apoderado de los «tempi». No es raro, en efecto, oír tocar un «andante con moto» como un «adagio molto». O un «allegro ma non troppo» como si fuera un «presto». Se ha operado una enorme confusión en el campo de los «tempi», como en otros terrenos de la música, según veremos más adelante.

En lo que concierne al piano, sin embargo, se plantea un problema real, porque el instrumento ha evolucionado de modo considerable desde su antepasado, el clavicordio. Es evidente que incluso los instrumentos en los que tocaban Chopin o Liszt no tienen más que un parentesco lejano con los pianos modernos. Cuando se sabe que las teclas han doblado su peso en sólo sesenta años, se comprende que se impongan ciertas adaptaciones, con toda lógica, y que es imposible tocar sobre el teclado de un piano de concierto actual con el mismo «tempo» que en uno de hace ciento cincuenta años.

Hay que saber adaptar a nuestro piano moderno las creaciones de otras épocas, pero dentro de unos límites razonables, no orillando nunca el contenido musical, expresivo, humano de una obra. El error nace de no saber detenerse en esa carrera hacia el abismo y de no respetar la barrera que permitiría hallar el «tempo giusto» en función del instrumento, por supuesto, pero también y sobre todo en función de la obra y de su poder expresivo. He aquí un fenómeno completamente específico de la música y de su inmaterialidad, puesto que las demás artes inscritas en el tiempo quedan materializadas para siempre.

La paleta sonora

El acercamiento de un texto musical hacia sus aspectos vitales más diversos permite traducirlo mejor en su complejidad y en su riqueza. El conocimiento exhaustivo de una partitura abre inmensas posibilidades de creación, porque cuanto más se abre el abanico de conocimientos, más ancho se hace el de la interpretación.

No obstante, se trata de un aspecto que no está simbolizado por signos, de modo que escapa a toda notación, aunque es, a pesar de ello, el fermento mismo de la realización musical: estamos ante la paleta sonora.

Subrayaba en la Introducción que la vida está omnipresente en una partitura, desde sus manifestaciones más instintivas hasta sus vibraciones más imponderables: acabamos de llegar a tales «vibraciones imponderables». ¿No sucede igual en la vida? Su dimensión espiritual, metafísica, no aparece tal como se la capta cuando los signos concretos, tangibles, han desaparecido en beneficio de las vibraciones invisibles, impalpables; mas, sin embargo, ¡qué presentes! Un hombre alcanza un estadio superior de vida y trasciende los elementos cuando ha adquirido el poder de captar todo lo que le rodea en el universo, más allá de su propio ámbito.

En un plano superior de interpretación, la magia sonora va a jugar un papel preponderante. Siendo la música el lenguaje del sonido, es evidente que la calidad de los timbres, de las sonoridades, es importante para toda voz y para todo instrumento.

En lo que respecta al piano, la búsqueda de una paleta infinita se convierte en una cuestión de vida o muerte musical, porque los macillos pulsados sin discernimiento no van a generar milagrosamente un mundo sonoro feliz. Ahora bien, el piano brinda posibilidades insospechadas de sonidos, de colores, de vibraciones. Todo es posible para quien sabe tratar un teclado y utilizar sus recursos: sonido de campanas, batir de timbales, timbres de flauta, de arpa, de violonchelo... El piano-macillo se transforma entonces en un «piano-orquesta». Pero este logro exige horas, años de búsqueda y de receptividad. Un verdadero trabajo de escuchar, una aproximación sonora cada vez más agudizada deberían enseñarse con el mismo merecimiento que la técnica instrumental; puesto que cualquier trabajo que realice un instrumentista hallará su realizacion formal, se quiera o no, en la emisión de sonidos.

Orientemos nuestra tarea hacia esa búsqueda sin límites de una paleta sonora que sea capaz de despertar la sensibilidad en lo que entraña de más inefable. Oigamos los sonidos, pero mucho más las vibraciones que emiten; de tales vibraciones emerge lo imponderable.

Cuando hemos adquirido un profundo conocimiento de un texto musical y actuado en el sentido de una realización viva, ¿que es lo que ocurre?

Yo responderé: TODO, TODOS LOS DÍAS.

Porque sobre una identidad inmutable —revelada por la forma, el ritmo, la armonía, los fraseos— la creatividad será constante. A través de características inmutables, inquebrantables, un flujo y un reflujo nos pone sin cesar en contacto con sensaciones y sentimientos nuevos. Dormimos, nos despertamos, trabajamos, vamos de un sitio a otro; los paisajes exteriores e interiores evolucionan. Nuestra vida cotidiana, sobre elementos definitivos, conecta con la improvisación, con lo inédito.

¿No es acaso la música un réplica exacta de la vida? Un artista toca una obra de Beethoven y luego otra de Debussy: el cambio de paisaje es total, pero ese artista tiene siempre la misma identidad, continúa siendo él mismo. No es cuestión, por tanto, de que él proyecte su «ego» en sus interpretaciones; su objetivo, por el contrario, es hacerse transparente. Pero la vida diaria hace que nunca sea el mismo. Si es un ser humano realmente vivo y vibrante —¡que es lo deseable!— tendrá cada día un estado de ánimo distinto, llevando a cuestas los impactos de una vida siempre renovada. No por eso traicionará el texto, mas es indudable que la partitura revivirá en cada ocasión de una manera diferente aunque sean respetadas sus leyes esenciales.

El conocimiento de una partitura nos induce a pensar que, en alguna parte, existe un arquetipo de interpretación, pero muy flexible puesto que el artista re-improvisa y re-inventa la música en cada ejecución. En definitiva, el arquetipo existe en el plano de las notas y de la identidad, mas el artista interviene con sus elecciones en el plano de los signos y de las sonoridades. El ideal del intérprete consiste en tener un respeto absoluto por el texto, en ser totalmente receptivo al pensamiento del compositor y en dejar que la obra se encarne en él para hacerla suya. ¿No es extraordinaria esta ósmosis entre dos seres, conseguida en la transparencia?

En una aproximación a la filosofía, sería posible concebir un texto musical como una entidad que tiene un principio y un fin y que va contando su propia historia a medida que se desarrolla: una concepción casi inconcebible para quienes estamos limitados por un tiempo determinado. Los acontecimientos nos modifican de semana en semana, de año en año, y nuestra evolución constituye un todo que se llama destino —se trata de la historia de una vida humana—, pero no hemos tenido conciencia de ello antes de haberlo vivido.

Un texto musical es un increíble resumen de una construcción Espacio-Tiempo en la que un ser existe y, simultáneamente, cuenta su historia. Es la reunión imposible del ser y el devenir.

La música, pues, es un arte que puede parecer de una complejidad inaudita y que, finalmente, ha reencontrado los orígenes de la sencillez, de la naturalidad, al llegar al corazón mismo de nuestro ser y nuestra vida. Al fin y al cabo, ¿no son los seres que han alcanzado un mayor grado de evolución superior los capaces de regresar a las fuentes de la más extrema sencillez?

8

LA MUERTE DE LA MÚSICA

La música y la vida están, pues, estrechamente ligadas la una a la otra, interpenetrándose sin cesar: una partitura musical es testimonio de ello —ya lo hemos visto— por el inagotable manantial de vida que genera.

¿De dónde procede entonces la decepción que experimentamos ante la mayoría de las interpretaciones actuales? ¿No nos deja satisfechos la técnica infalible? Los grandes maestros ¿se llevaron su secreto consigo? ¿Por qué esa insuficiencia? ¿Por qué ese vacío? Intentemos analizar las causas.

Son ciertamente numerosas y constituyen testigos evidentes de una civilización en pleno proceso de cambio. No olvidemos que el arte es tributario de la época en que se inscribe, aunque trascendiéndola. Un gran creador sabe superar las circunstancias temporales de ellas, afortunadamente, pero no es menos cierto que vive en un determinado contexto cultural, en una civilización ya establecida.

La creación actual es reflejo de nuestra época. Sería de desear, sin embargo, que el intérprete que decidiera re-crear obras escritas anteriormente recorriera el camino necesario, hiciera lo que fuera preciso para no desfigurar el arte de otro tiempo, porque nunca es aceptable la traición.

Si nos conformamos con la idea de que nadie es responsable de nada, este libro no tendría razón de ser. Yo, por el contrario, considero que cada uno es responsable en alto grado y que ningún músico debe aceptar que la música se hunda y desaparezca con una civilización que parece olvidar al hombre.

El intérprete asume una inmensa responsabilidad y tiene en sus manos las respuestas a determinadas preguntas situándose en un plano superior. Un músico es portador de armonía, de belleza y de paz. ¿No será ésa la vocación que nuestro mundo ha olvidado?

Probemos a verlo con más claridad: nuestra época se ha orientado hacia la ciencia, las técnicas más avanzadas, los descubrimientos de toda clase, algunos de los cuales permiten entrever brillantes posibilidades; es evidente que la investigación científica constituye un elemento fundamental de las preocupaciones planetarias actuales. Todo avance que procura un mejoramiento de la humanidad es siempre admirable. Pero ¿van todos los pasos en esa dirección? Veamos... Una civilización que llega a regir la vida, que decide acerca de su derecho a existir o dejar de existir, que la manipula en su mismo origen, en su fuente más primigenia, y que no respeta lo que entraña de sagrado, ¿sigue siendo una civilización o es ya sólo un fantasma de lo que fue? ¿Estamos llegando acaso al término de un ciclo para dar paso a una renovación purificada y benéfica?

Es bien cierto que el tecnicismo que nos envuelve ha invadido todos los campos, sin exceptuar el del arte. Ante una partitura que se presta a nuevas posibilidades instrumentales, los compositores incitan a los aprendices de músicos a que desarrollen sus medios físicos, sus reflejos y su resistencia. Es verdad que una *sonata* para piano de Prokofiev exige otros medios de realización diferentes que una *fantasía* de Mozart..., y que la *toccata* de Ravel no puede ser ejecutada con los que se utilizan para interpretar una *partita* de Bach o una *sonata* de Beethoven. Las exigencias de originales poniendo el acento en el esfuerzo físico del instrumentalista, añadidas a las que reclama, para los pianistas, un teclado cuyas teclas no cesan de aumentar su peso, originan unas condiciones de trabajo muy distintas de las que imperaban anteriormente.

Hay, pues, una escalada técnica impuesta por los mismos elementos básicos, pero ello no excusa en absoluto los excesos de los que todos somos testigos. Una gran técnica, por el margen que aporta, tiene como objetivo liberar al ejecutante y proporcionarle una mayor seguridad; es indispensable, porque sin esa técnica ni el mejor músico del mundo podría expresarse. Pero démosle sólo su lugar preciso, su verdadero sitio: estar al servicio de la música pura, sin erigirse en un fin en sí misma o en última meta del proceso.

Los misiles, las investigaciones espaciales han hecho progresar la aviación civil, dotándola de una nueva seguridad. Nuestros automóviles de turismo se han aprovechado de pruebas realizadas en coches de carreras. Los descubrimientos técnicos surgen para mejorar la vida cotidiana. ¿Por qué confundir los medios con el fin cuando se trata de la música?

El campesino griego monta en su pequeño borrico aunque haya tractores en otra parte. ¿Por qué habría de ir en un automóvil de Fórmula 1 por un camino de tierra lleno de guijarros y abierto por baches y rodadas? Pronto se advertiría el aspecto grotesco de la situación. Pues eso que parece tan evidente no acaba de verse con claridad cuando oímos tocar obras de Schumann como si fueran de Prokofiev, o de Haydn como si pertenecieran a Bartok. El mal se instala poco a poco, insidiosa pero seguramente. ¿Por qué denunciamos lo absurdo de la vida y lo aceptamos de la música? No deberíamos permanecer pasivos ante tales rutinas y extravíos.

La técnica instrumental ha hecho tantos progresos que está en trance de matar la música en su vida misma, en su expresión profunda y en su poder de evocación.

A fuerza de desarrollar nuevos reflejos y una resistencia a toda prueba, los instrumentistas adquieren medios inmensos en el plano de la velocidad, de la fuerza y de la acrobacia; igual que los deportistas de alto nivel, realizan entrenamientos cada vez más intensos y exigentes, lo que no me parecería en absoluto criticable si, en el camino, no perdieran de vista la razón de ese trabajo y el objetivo que persiguen. Un alpinista que desea conquistar el Everest se prepara durante mucho tiempo para la escalada y se somete a una severa disciplina de entrenamiento, pero sin olvidar nunca la finalidad que le mueve: alcanzar una cumbre prestigiosa. No se entrena para correr cada día con más rapidez o para conseguir unas zancadas más largas.

Esta sobrevaloración de la técnica da lugar a muchos dramas, puesto que deshumaniza la música y transforma a gran número de intérpretes en robots, en máquinas perfectamente reguladas que no dejan lugar a la improvisación, a la imaginación, a la visión siempre renovadora de una obra viva. Asistimos a interpretaciones asépticas transidas de monotonía y aburrimiento. Es apremiante que el artista —si es que lo es— vuelva a encontrar por encima de la técnica su vulnerabilidad de ser humano, es decir, su capacidad de vibrar ante el mundo sensible.

La muerte del estilo

Esa técnica que se extralimita, fuera de los senderos de la música, tiene una terrible consecuencia: la muerte del estilo.

Los pianistas, acaso más que los demás instrumentistas, son víctimas de ello porque los macillos de su instrumento no les predisponen a cantar, a respirar, a frasear. Por su acción vertical, puede el macillo detener fácilmente la corriente de vida. Los cantores, los que tocan instrumentos de viento utilizan un elemento natural que es el aire, el aliento, la respiración; los violinistas, los violonchelistas, etc., llevan en su arco una maravillosa fuente de fraseo, y, en su *vibrato,* un medio para sostener el sonido. Ciertamente, todos esos elementos no hacen respetar el estilo sin embargo, sino que compensan en parte los efectos desastrosos de una técnica avasalladora y a veces agresiva. Los pianistas que atacan las teclas con medios técnicos excesivos corren más peligros. Provistos de posibilidades extraordinarias, las emplean sin discernimiento. Los dedos eléctricos y los codos precisos y rápidos, indispensables para expresar algunos aspectos de la música moderna o contemporánea, no deberían tener carta de naturaleza en la recreación de obras del repertorio clásico y romántico.

¿Por qué utilizar los mismos medios para expresiones totalmente diferentes? El avión «Concorde» existe; pero también está permitido el vuelo sin motor. El que haya astronautas no impide que vivan los campesinos de los altiplanos andinos ni los nómadas del desierto, ni nosotros mismos, que nunca volaremos sobre las estrellas como no sea con las alas del sueño.

Una persona que desee darse un paseo a 200 kilómetros por hora en un pequeño avión de turismo no le pedirá a un dirigente de la NASA que le preste una nave espacial. ¿Por qué, entonces, tanta confusión en el campo de la música? ¿Por qué esa falta de discernimiento? ¿Por qué abandonar así el sentido común? ¿Por qué desengachar en este aspecto la música de la vida?

Cuando queremos ir a pie, andamos; cuando deseamos tomar el tren o el avión, no confundimos el medio de locomoción elegido. ¿Qué sucede, entonces, con muchos intérpretes actuales que se suben a una nave interplanetaria para tocar una obra escrita en tiempos de las diligencias? Me he referido a la posible adaptación de un «tempo» a la evolución de determinados elementos; pero hay que tener claro hasta dónde se puede llegar o, más exactamente, de dónde no se debe pasar.

Esta enfermedad de la velocidad generada por una técnica omnipresente agosta toda posibilidad de expresión y oculta a menudo un dramático vacío interior. Es un mal que contribuye en gran medida a la anarquía que reina hoy en los «tempi», y esas alteraciones de los «tempi» atañen al estilo frontalmente. Yendo en un coche, cuanto más rápido vayamos menos posibilidades tendremos de disfrutar del paisaje. De modo semejante, difícilmente podremos apreciar la delicadeza y el valor de una obra en todos sus detalles si pasamos las hojas a una velocidad supersónica. Porque son precisamente los detalles lo que dan lugar a las grandes interpretaciones.

Hay que reconocer que la velocidad es uno de los males de nuestra civilización, junto con el ruido. Son como dos plagas que han caído sobre la música. Cuanto más fuerte y rápido toca un pianista (y hablo más de los pianistas porque forman parte de mi vida diaria), más se cree que ha alcanzado un hito importante de su evolución. Y, por desgracia, muchos piensan del mismo modo. Un ciclo imparable se instala insensiblemente, porque el instrumentista se acostumbra cada vez más a esa carrera hacia el abismo, hasta considerarla como algo natural.

Si la velocidad ocasiona importantes estragos, el ruido no le va a la zaga; podríamos preguntarnos razonablemente si no se va a provocar una generación de sordos. ¿Cómo es posible que un oído humano reciba sin daño los decibelios que se lanzan al aire en una «discoteca»? Se falsea la escala sonora y la noción misma de la potencia del sonido; el oído no tiene más puntos de referencia auditivos que los normales. Sin desconocer el interés o la democratización de la música por el «cine», hay que rebelarse contra el hecho de escuchar una sinfonía de Mozart tocada con la potencia de la *Marcha Fúnebre* de Siegfried.

Se plantea entoces una cuestión: el poder de los sonidos en este estado de cosas, una música que lleva el desequilibrio a las mismas raíces del ser, ¿no constituye una puerta abierta a la búsqueda de desequilibrios más profundos y de los medios para conseguirlos?

El ruido nos agrede por todas partes en la actualidad; ignorar los daños que causa pone de relieve una gran irresponsabilidad. Si la música es un factor de evolución para la humanidad, el ruido, por el contrario, es un medio perfecto de embrutecimiento; el rechazo del silencio —que se ha convertido en norma de nuestros días— ¿no esconde una angustia inconfesada? HUIR, ESCAPARSE, podía ser la divisa de nuestra época. La velocidad y el ruido son medios privilegiados para favorecer esa huida. Muchos seres humanos no pueden estarse quietos, en silencio, porque se quedarían aterrorizados al toparse con el vacío creado por el abandono de los artificios y de las ilusiones; y esto es dramático. Antes de denunciar una crisis de la civilización, tengamos la fuerza y la honestidad de aceptar que la crisis está en los individuos.

Si la union de la velocidad y del ruido hace estragos en la vida, también está a punto de aniquilar la música en su misma esencia al maltratar los «tempi», los volúmenes sonoros, los matices, y asesinar el estilo.

Ahora bien, el ESTILO debería ser el CRITERIO ABSOLUTO DE JUICIO y nadie tiene derecho a aceptar que sea ridiculizado, traicionado, desfigurado. Una obra musical es susceptible de generar numerosas interpretaciones, según que el artista desarrolle más alguno de sus aspectos. Pero no es menos cierto que existe una tradición y que esa tradición puede ofrecer varias venas, del mismo modo que un río, al desembocar en el mar, puede formar un delta repartiéndose en varios ramales, mas sigue siendo el mismo río.

Por el contrario, no es admisible oír tocar a Beethoven, por ejemplo, como si Stravinsky o Prokofiev hubieran vivido antes que él. En todas las ocasiones en que como miembro de un jurado he escuchado el final de la *Sonata para piano opus 57* de Beethoven tocada con los medios físicos empleados para una sonata de Prokofiev, o las «codas» de determinadas baladas de Chopin ejecutadas como Petrouchka... los macillos del piano se transformaban en taladradoras. Las taladradoras existen actualmente y son muy útiles para levantar la capa de asfalto de las aceras y de las calles, pero en la época de Beethoven o de Chopin todavía no se habían inventado.

Si Stravinsky decide tratar el piano como un instrumento de percusión, es libre de hacerlo y, por nuestra parte, debemos respetar su elección, utilizando para ello los medios necesarios para traducir sus obras tal como él las concibió. Cada obra tiene su valor y exige estar inserta en el contexto que le es propio.

Una tela pintada en el siglo XVII no se desfigura por el hecho de que se haya seguido pintando después: la expresión de un Brueghel o de un Memling no cambia porque luego hayan aparecido Cézanne o Picasso con criterios distintos. El drama de una obra musical es que siempre está a merced del intérprete. ¿Y quién es ese intérprete? Nosotros percibimos su responsabilidad y hasta qué punto su falta de cultura y de sensibilidad puede perjudicarle en el momento de aproximarse al estilo. Si accede a Bach o a Beethoven a través de Messiaen, Ravel, Brahms o Chopin, tiene bastante riesgo de extraviarse. Naturalmente, es imposible despreciar todo lo que se ha escrito posteriormente a la obra que se interpreta, pero a pesar de todo sería preferible, en el ejemplo propuesto, llegar a Beethoven arrancando de Haydn y de Mozart.

La cultura general y musical —repito— es indisociable de una gran interpretación. Pero aun en ese punto debemos preguntarnos: ¿no están siendo los jóvenes víctimas de una época que mata el sentido de la imaginación y favorece una caricatura de cultura que no termina de desarrollar especialmente las facultades superiores del ser? El imperio de la cinta magnetofónica y de la televisión se asienta sobre una pasividad muy poco propicia al sentido creativo: las voces, las imágenes se nos imponen, sustituyendo así a las que deberían brotar de una visión personal y vivida. El entorno en el que habitamos invita más a almacenar informaciones que a ejercitar la imaginación y a la reflexión sensible. Un niño, desde su edad más temprana, debería tener la posibilidad de desarrollar su imaginación, su creatividad, su facultad de pensar y de avizorar su mundo. Toda su vida de adulto dependerá de eso, porque un niño nace con inmensas posibilidades. ¿Se le permite que las exprese libremente, o por criterios con tanta frecuencia equivocados se le reprime y hasta se le asfixia?

Ya vimos el papel que juegan los dos hemisferios cerebrales y hasta qué punto el derecho condiciona la creación, la imaginación, la intuición, la sensibilidad, el sentido artístico..., ¡todo lo que hace a un artista! El hemisferio izquierdo tiene la misión de estructurar y apoyarlo de acuerdo con el talento que posea.

¿Somos conscientes de que la enseñanza actual, la pedagogía clásica y sus medios van dirigidos al lado izquierdo del cerebro, olvidándose del derecho y de su formidable riqueza creativa? He ahí un drama que hay que denunciar. La droga —y la secuela de horrores que arrastra— ¿tendría el mismo éxito entre la juventud si los jóvenes tuvieran aún la posibilidad de soñar normalmente? El mundo mecanizado, informatizado, organizado, deshumanizado y aséptico que nos rodea ha abierto una enorme brecha y ha generado la sed «de otra cosa»; la droga, incitando sólo el hemisferio derecho del cerebro y haciendo callar el izquierdo, responde, de una manera catastrófica y falsa, a la honda necesidad que tiene el hombre de poder soñar todavía, de imaginar, de crear...

Los estudios musicales básicos no están libres de ese error, como vamos a ver.

Desde el principio, si un niño sensible y avispado se siente atraído por la música es por el universo sonoro que ella ofrece y por el mágico poder que ejercen los sonidos sobre el oído; porque la fascinación del sonido existe realmente.

¿Qué descubrirá este niño por los caminos de la música? Que el solfeo y la armonía —que constituyen la base misma de nuestro lenguaje— se enseñan con gran frecuencia fuera de toda realidad viva, como si se tratara de una lengua muerta, intelectualmente tan sólo. El estudiante de música emplea lo esencial de su tiempo entre clases abstractas de escritura y un trabajo técnico instrumental. ¿No es todo eso aberrante desde un punto de vista artístico? No nos extrañemos luego de que una partitura carezca de vida en sus manos. No se le ha preparado en absoluto para que VIVA la música; y conforme crezca su aspiración de llegar a ser un profesional, mayor es el riesgo de convertirse en un ser exclusivamente cerebral.

He de reconocer que entre los pianistas que acuden a mí, aquellos que poseen más títulos y premios de escritura son los que más han perdido en sus interpretaciones el sentido de la imaginación y de la vida. Insisto sobre la cultura y los conocimientos que debe adquirir un músico, pero con una sola condición: que ese conjunto de saberes se destine a la creación, se ponga al servicio de la vida y de la belleza sonora, lejos de cualquier especulación intelectual y cerebral.

Tomemos un ejemplo concreto: en todos los países del mundo, en la asignatura del solfeo se enseña la existencia de tiempos fuertes y tiempos débiles; para un compás de dos tiempos:

— primer tiempo: fuerte,
— segundo tiempo; débil.

Predomina la idea de pedir a cada joven que aplique inmediatamente esa ley al instrumento que toque, sea éste la flauta, la guitarra, el violón o el piano; que haga respirar cualquier partitura siempre con el ritmo espiración-inspiración; espiración, inspiración es primordial. Lo más indispensable sería hacerla vivir, que se comprendiera, que se sintiera, que se encarnara. La respiración del ritmo surgiría entonces casi al mismo tiempo que la lectura de las notas: una de las leyes vitales y esenciales de la música sería así respetada y se evitaría que los textos nacieran luego muertos, en el momento de leer las partituras. Es inútil saber que existe esa alternancia de tiempos fuertes y débiles si tal conocimiento se reduce a un simple esquema intelectual y frío. Llevar el compás en el vacío, fuera de todo instrumento, desafinando más o menos, no es en verdad el mejor medio de demostrarnos esa función respiratoria de la música. ¿Por qué no dotarla de vida y de sensibilidad desde el comienzo mismo de los estudios musicales? Afortunadamente la enseñanza del solfeo parece que ha evolucionado en los últimos años, para acercarlo a la vida. Pero puedo asegurar que es muy raro oír tal respiración natural en las interpretaciones de los pianistas que acuden a mí por primera vez. Se sorprenden —aunque pronto lo aceptan— cuando les hago notar que no tocan más que tiempos fuertes, primeros tiempos, todos iguales, y que la música, así, se ahoga y se torna aburrida... y nosotros con ella. Los arcos de los instrumentos de cuerda, la emisión de voz de los cantantes ayudan a encontrar fácilmente dicha ley respiratoria; pero si no se vive de un modo consciente pueden surgir sorpresas en el momento más inesperado e inoportuno. Los pianistas pulsan teclas que se mueven en sentido vertical: esa dirección de arriba hacia abajo proporciona una sucesión de apoyos fuertes si no se lleva un especial cuidado. Sin embargo, ¡es tan fácil utilizar las teclas de otro modo, liberándolas de su pesadez! La tarea de tocar debería emprenderse, también, desde los primeros estudios.

Si el niño aprendiera a vivir estas leyes, pasarían a formar parte de él y llegaría a considerarlas naturales y evidentes; el solfeo sería entonces enfocado y percibido como un lenguaje vivo y no abstracto.

Me referiré ahora a la enseñanza de la armonía y a esa prohibición —recogida en sus tratados— de escuchar la realización al piano de bajos o de determinados cantos. Un deber de armonía se hace como una traducción latina o un problema de matemáticas, en una mesa, preferentemente en una habitación sin piano y con la consigna de no oír en esos momentos; es decir, que se suprime, se separa la música de su manantial de vida que es su fuente sonora. Durante toda su existencia tendrá que expresarse mediante sonidos, pero no habrá adquirido desde el principio el convencimiento del formidable poder de expresión que encierra la armonía. Será para el músico un estudio intelectual pero no pasará de ser letra muerta, incapaz de evocar nada en el plano auditivo sensible. La armonía se torna cerebral hasta tal extremo que el instrumentista que lee una partitura no entiende las cadencias, ni las dominantes, ni las notas sensibles: no entiende y no reconoce los elementos del lenguaje que ha de ser, sin embargo, su medio de expresión.

Comprendemos así mejor por qué la música, desalojada de sus fuentes esenciales, resulta desvitalizada, y por qué la sensibilidad creada por la armonía no tiene importancia, como tampoco la respiración.

Sé que esa exigencia apunta a un objetivo concreto: el de desarrollar el oído interno, lo cual es muy loable. Pero los que nacen con un «oído soberano» oyen siempre, aunque la música enmudezca o se manifieste en el plano sonoro; que hagan o no determinados deberes de armonía no cambia ni influye en ellos prácticamente para nada. En cuanto a los demás —los que no tienen la fortuna de oír precisamente de manera innata— ¿cómo van a desarrollar un oído interno aletargado o desfalleciente si no lo solicitan a su oído externo? ¿Cómo van a desarrollar la finura, la agudeza del oído, relacionar los sonidos, conocer los timbres, si antes no los oyen con claridad y concreción?

Parece que lo razonable sería considerar una pedagogía de la escritura musical que contuviera dos partes. Una para los futuros compositores, directores de orquesta, para todos aquellos que han de trabajar casi siempre en silencio y han de hacerlo, imperativamente, con el oído interno. Para estos casos, la enseñanza actual está justificada, aunque casi todos ellos suelen tener ese «oído soberano» ya mencionado. La otra parte se destinaría a los instrumentistas, que nunca están suficientemente sensibilizados a los sonidos, a su color, a sus vibraciones, a su irradiación. El piano entendido y tratado como una orquesta es el más bello instrumento del mundo, pero reducido a su triste función de martillear sonidos, se convierte en el menos interesante, por no decir el más insoportable.

Me asombra comprobar hasta qué punto los pianistas no se escuchan, no saben si la realización sonora corresponde o no a su visión interior. La búsqueda de sonoridades no tiene límites y debería ocupar cada día varias horas de trabajo y de escucha; cuanto más estimuladas son, más se afina el oído y más exigente se hace. Escuchemos los sonidos, por favor; oigámoslos, dejemos que su magia actúe en nosotros. Vayamos siempre más lejos en ese lenguaje de lo imponderable, en la percepción de las vibraciones que engendran los sonidos.

La música es sonido, el sonido es oído, el oído es escuchar

Hemos visto que la música es el arte más cercano a la vida, desde sus orígenes, y que cada signo de una partitura es un testigo de esa vida. Cuando un niño se introduce en ese mundo fabuloso de imaginación, de creación, de magia, de ensueño —todo lo que constituye su universo— no lo desvinculemos de la fuente desvitalizándola y aprisionándola en estudios estériles que le alejan de ella para siempre. ¿Cuántos adultos se lamentan de haber abandonado la práctica de un instrumento por culpa del solfeo, que se les hacía insoportable y les quitaba la gana de proseguir? ¿Es eso normal?

El aprendizaje de la música debe suponer siempre una tarea agradable, alegre, una renovación, el despliegue de la imaginación, y que también la técnica se convierta en un juego. La expresión «tocar» un instrumento constituye por sí misma un programa que nos abre un camino de vida. ¿Pensamos realmente en «tocar»? Cuando escuchamos a un instrumentista ¿tenemos la impresión de que lo está pasando bien con su instrumento y que éste participa en el juego? ¿Están con-viviendo los dos en una complicidad contagiosa? ¿Han logrado esa unión amorosa que genera la vida, con todo el conjunto de percepciones y de sentimientos que ésta acarrea?

¿Por qué hemos perdido ese don? Un artista debe poder —por su vida interior y su creatividad— eludir los impactos nefastos de un entorno o de una época contrarios a su concepción del arte. Un artista tiene la obligación de salvaguardar su INDEPENDENCIA y su LIBERTAD y mantener una trayectoria de AUTENTICIDAD impermeable a lo que sea susceptible de perjudicarle. Y si ese camino le lleva a atravesar terrenos peligrosos, que su lucidez, su fuerza y su fe le protejan y le impidan caer derrotado.

117

Los concursos internacionales

Entre tales terrenos peligrosos hay uno cuyo poder de destrucción no valoramos en su justa medida: el de los concursos internacionales.

Su creación se basa en una buena intención: ayudar a los artistas jóvenes a que den los primeros pasos de una carrera difícil. Al principio, cuando eran poco numerosos, quizá alcanzaron su objetivo; y digo *quizá* porque la realidad nos obliga a revisar ciertos datos y circunstancias para concluir que ningún título —aunque se tratara del más prestigioso— puede mantener mucho tiempo a un artista en un alto nivel si el artista no lleva a cabo, paralelamente, una evolución artística, humana y espiritual. ¡Ha de ser más solicitado a los cuarenta años que a los veinte! Sin embargo, gran número de primeros premios de los más famosos concursos desaparecieron de la escena internacional con bastante rapidez, pese a que iniciaron una carrera prometedora. Un premio internacional puede ayudar a descollar, a sobresalir, pero no a mantenerse; por eso, alimentan a menudo ilusiones entre los laureados que desembocan en dramáticas decepciones.

Por otra parte, la proliferación de estos concursos, que se propagan con la celeridad de una epidemia, contribuye a depreciar el valor inicial que pudieran poseer y a sustentar aún más las ilusiones. Como suele suceder siempre, la cantidad perjudica la calidad; su multiplicación no ha operado un parejo aumento del número de artistas verdaderos, por la sencilla razón de que no se pueden fabricar, mediante pedido, seres excepcionales dotados de una profunda sensibilidad, de una fina percepción y de una capacidad real de creación.

¿Qué es lo que ha pasado? Los mencionados concursos han abierto las puertas a una multitud de instrumentistas de alto nivel técnico que, desgraciadamente, no tienen gran cosa que decir y que confunden arte y deporte en lo que tienen de competitivos. Pero llegan a conquistar los mercados porque siempre hay quienes les contratan en la seguridad de que no fallarán, de que ningún grano de arena hará chirriar la máquina. La sobrevaloración técnica, de la que ya hablamos, halla en tales su más atractiva motivación para estar presente en la competición y, así, nos dan ocasión de asistir a carreras de Fórmula 1 en las que los nervios bien templados y la resistencia física se imponen al don musical y a la expresión del alma. La música no sale engrandecida de esos lances, sino muerta porque la asesinan en su misma esencia. La caricatura de la velocidad y de la fuerza reunidas alcanza de ese modo su paroxismo.

Dista mucho de ser evidente que la final de tales concursos nos descubra un auténtico músico, un futuro maestro. Para un Radu Lapu o un Murray Perahia que surgen, ¡cuántos robots oficializados! Los que poseen verdadera madera de artistas suelen ser eliminados antes de la final porque su sensibilidad les hace más vulnerables y su sistema nervioso difícilmente soporta una atmósfera deprimente de competición. La eliminación natural, como en Esparta, hace su elección; porque los concursos que duran dos o más semanas en un ambiente que no tiene nada que ver con el arte seleccionan a los que están entrenados para los maratones, a los que tienen un sistema físico, nervioso y psíquico capaz de resistir a las presiones más inhumanas. El intérprete que tiene posibilidad de conmover, incluso de impresionar, destacará sin duda en los primeros días, pero no aguantará mucho tiempo un ambiente tan divorciado de lo que supone el fermento de la música y de la vida.

Estos concursos representan, pues, un peligro considerable, y más todavía para aquellos artistas potenciales que constatan que, para «llegar», es indispensable tocar lo más rápido y lo más fuerte posible. Entran así en un mecanismo que les hace perder de vista la meta y el ideal que se habían fijado.

Muchos jóvenes que habrían podido desarrollarse armoniosamente y madurar a un ritmo normal son víctimas de esas máquinas de triturar los talentos y la música. Si deciden proseguir ese camino —que eventualmente puede ayudarles, pero que lo más seguro es que los queme— es urgente ponerles en guardia contra los peligros que les aguardan y ayudarles a poner a salvo los valores esenciales que permiten brotar a los verdaderos artistas.

Estar en posesión de premios internacionales no es un criterio seguro en el campo musical, creativo, imaginativo y artístico. Es sólo indicio de un cierto nivel técnico... Y como los hay a miles, en todas partes del planeta, que alardean de tener uno o varios de tales galardones, eso no prueba absolutamente nada, salvo una nivelación operada por la técnica. El esnobismo y la aberración consistentes en otorgar a tales concursos internacionales más valor del que tienen en realidad deberían acabar de una vez, porque la idea inicial se ha desviado de sus objetivos: ha traicionado la música y ha desencadenado unas consecuencias desastrosas. Tengamos el coraje de denunciarlas.

Es, en efecto, impensable e inaceptable que un empresario exija de un artista un palmarés de premios internacionales como condición para contratarlo. El único criterio aplicable debería ser que lo escuchara, sin conocer su «curriculum»; y que lo juzgue en función de lo que oiga, de la opinión que le merezca su ejecución. Estos premios constituyen un parapeto detrás del cual se escudan los responsables: en caso de contestación, de rechazo acerca del valor de un intérprete, siempre podrán esgrimirlos como justificación...

Uno de los más grandes maestros de nuestra época comparaba estos concursos internacionales con los concursos de belleza: *miss* Francia, *miss* Inglaterra, *miss* Italia... Las candidatas se presentan en biquini para que les midan sus formas: la altura, el contorno de pecho, la cintura... ¿Merece realmente la recompensa la afortunada elegida? ¿Acaso se someten a tales exhibiciones las señoritas más bellas de Francia, de Inglaterra, de Italia? ¿No es más cierto que, de ordinario, se quedan en sus casas? Y dicho maestro concluye diciendo que «los verdaderos músicos, los futuros grandes artistas permanecen en su propio ambiente madurando en el respeto y la autenticidad de la música y de ellos mismos».

Considero que los concursos internacionales, tal como proliferan en la actualidad, han firmado la pena de muerte de la música. Cuanto más sensible es una persona, mayor es su capacidad creativa y menos podrá defender sus posibilidades en competiciones que están en las antípodas del arte. Habría que revisar de raíz la fórmula misma de tales concursos: después de una severa eliminatoria que tenga como objetivo evaluar el nivel técnico e instrumental de los candidatos, el único criterio de juicio debería fundarse sobre la música en su misma esencia: talento musical, sentido creativo, capacidad de conmover, respeto al estilo, a los «tempi», belleza sonora, y que la técnica sólo se tenga en cuenta para situarla en el lugar que le corresponde como medio de expresión.

Del cuadro precedente es fácil adivinar que el estilo es una vez más la víctima primera de ese género de competición, lo que es indignante; porque la música es un lenguaje y cada obra tiene su lenguaje propio. ¿Cómo pueden otorgarse premios internacionales y los títulos más aduladores a técnicos que no tienen la menor idea del estilo y, por tanto, tampoco tienen la menor idea de lo que tocan y de lo que han de transmitir? ¡Es como hacer concursar a máquinas de escribir! Esto es inconcebible. En los mencionados concursos (y lo mismo sucede en otros de nivel inferior) se puede tocar música de Scarlatti como si fuera de Chabrier, o de Chopin como si perteneciera a Rachmaninov, o de Schumann como si la hubiera escrito Prokofiev: no tiene ninguna importancia, absolutamente ninguna. Ha llegado el momento de dar un grito de alarma si queremos que la música no se hunda en una especie de terrorismo. Padecer la influencia de una época hasta tal aberración incita a lanzar con urgencia un SOS.

Sería la gran ocasión para que los países civilizados de Europa, de América o de Asia unieran sus esfuerzos para salir de ese camino infernal y volver a dar su oportunidad a los que todavía creen en el valor y en el poder luminoso de la música. Sería un gran momento para crear fundaciones cuya finalidad consistiera en ayudar a los jóvenes músicos que demostraran un alto nivel instrumental y un auténtico valor humano que les impidiera convertirse en bestias o en autómatas; la palabra «empollón» no ha tenido nunca tan perfecta justificación. La MÁQUINA y la MUERTE están en trance de sustituir a la MÚSICA y la VIDA.

Por desgracia para las víctimas de esta situación, una vuelta a la normalidad puede parecerles un espejismo. El constante acoso técnico que imponen los concursos tiene un efecto de «boomerang» dramático sobre muchos jóvenes que lo asumen sin reservas, sin ningún respeto a las leyes físicas más elementales. La competición genera víctimas, efectivamente, porque la ignorancia física con que trabaja la mayor parte de los instrumentistas da lugar a graves trastornos musculares y de los tendones. La inevitable secuela de tendinitis, epicondilitis e inflamaciones de diversa índole hace su aparición, hasta el punto de frenar y parar definitivamente muchas carreras. Estos pianistas vienen a verme, más o menos afectados, preguntándose si es normal que se tenga que padecer tanto para tocar un instrumento a un alto nivel, y si es inevitable tener que ponerse inyecciones en los tendones...

En dos libros anteriores me he ocupado de estas cuestiones y de los medios de evitar tales pruebas desagradables a jóvenes pletóricos de fe y de entusiasmo. Cuando, a la llegada de cada nuevo alumno, veo mi casa convertida en un hospital, siento que callar es una cobardía a la que, desde luego, no me someteré. Porque es perfectamente posible alcanzar un nivel técnico impresionante sin tener que pagar el tributo de algún perjuicio físico. Si impongo a mis alumnos que lleguen a encadenar los 24 Estudios de Chopin —dos o tres veces seguidas si lo desean— sin el menor esfuerzo es para demostrar que se pueden tocar fácilmente y con alegría obras que exigen un gran dominio físico.

No obstante, conviene saber que un entrenamiento realizado sin conocer profundamente una técnica física previa conduce con gran frecuencia al desastre.

¡Cuántos premios internacionales han terminado acogiéndose a un puesto de profesor en un Conservatorio porque no pudieron asumir la carrera de concertista o, simplemente, porque no podían tocar su instrumento! ¡Cuántos con un brazo inutilizable! ¡Cuántos instrumentistas se orientan a la dirección de orquesta por motivos no siempre ponderados! Si las escuelas de música más importantes se transforman en viveros de tendinitis al acercarse los concursos internacionales y si éstos matan la música y la vida, hay que pensar urgentemente en otros medios para ayudar a los jóvenes y para salvar su porvenir, como hombres y como artistas.

El disco

Otro factor ha contribuido —y contribuye cada vez más— a agostar la vida de la música, a paralizarla o congelarla en una interpretación definitiva, fuera de toda realidad: es el disco.

Hasta la aparición del microsurco, aunque fijando una interpretación, el disco de 78 revoluciones dejaba escapar una cierta corriente de vida, ese soplo que anima una ejecución de principio a fin con la evidencia de una marcha natural. No había recortes, ni enlaces, ni remiendos, y la vida pasaba con sus ímpetus y sus impurezas, su presencia y sus imperfecciones; y la música constituía un encuentro tanto más exacto cuanto que el disco de 78 revoluciones coincidió con el reinado de los grandes intérpretes, de los que justificaban plenamente el nombre de Maestros. Las grabaciones, además, solían hacerse en directo, en el ambiente vivo de una sala de conciertos donde el artista encuentra toda su razón de ser. La imposibilidad de recomenzar dotaba de autenticidad la interpretación.

Los frescos del Renacimiento se pintaban de un tirón; las pinturas chinas sobre seda no permiten ningún retoque: si aparece alguna leve imperfección, se mantiene como una prueba suplementaria de la vida que late en el tejido. El mismo Miguel Ángel pintó el techo de la Capilla Sixtina siguiendo esa corriente creadora que todo lo justifica: ¿serían esos frescos tan vivos si hubieran sido retocados muchas veces?

Cada interpretación musical es única. Si un artista toca de determinada manera un pasaje de la obra que está en trance de recrear, lo realiza en función de lo que hizo antes. La unidad de concepción es esencial en la traducción de un texto musical; y ningún gran intérprete toca jamás dos veces de la misma manera porque su visión interior, su estado de ánimo en cada momento y su evolución personal le empujan a una renovación constante, siempre con el respeto que el texto reclama. El disco microsurco —con los inmensos progresos técnicos de grabación que supuso— ocasionó los primeros daños a la verdad y a la autenticidad de una interpretación.

En el sector del disco, como en tantos otros, la técnica ha progresado en detrimento de la vida; el microsurco ha significado un vuelco decisivo:

— Grabaciones realizadas en estudios despersonalizados.
— Falta de contacto humano y de compenetración entre el artista y el público.
— Una química de montaje que priva a la realización de toda posibilidad de vida.

Cuando, por un prurito de perfección técnica, un disco nos ofrece un conjunto de diferentes fragmentos tomados de diversas grabaciones, lo que se logra es la negación de una creación vivida en la unidad. Ya hemos visto que toda obra es una entidad en sí misma y que es inconcebible imaginar una sonata de un mismo compositor escrita con el primer movimiento de una, el segundo de otra y el tercero de una distinta. Como es impensable aceptar una interpretación realizada mediante una yuxtaposición de pasajes elegidos en función de la perfección técnica en diferentes versiones de grabación. Toda creación musical encierra una unidad de pensamiento y de vida, y queda como una unidad indisoluble. Un disco grabado según falsos criterios no puede ser el auténtico testimonio de una interpretación vivida y querida. Todas esas interpretaciones aprisionadas por la cera son a la música lo que las figuras del museo Grevin son a la vida.

El gran director de orquesta Sergiu Celibidache se niega a grabar discos, en nombre de la musica y de su verdad, de la vida que bulle incesante y siempre se renueva; es un caso excepcional, desde luego, pero da que pensar.

Sería interesante hacer el retrato psicológico de algunos artistas en relación con sus actitudes personales respecto al disco: un Celibidache que le vuelve la espalda y un Glenn Gould que se ha consagrado plenamente a ese modo de reproducción. ¿No resulta muy revelador?

El «78 revoluciones», aun grabando una interpretación que hubiera podido ser otra, podía mostrarse como una porción de vida, sólo una porción. Porque un artista que acaba de impresionar un disco, en el mismo momento de terminar ya lo está concibiendo de otra manera; algunos días lo acepta, no le parece mal; pero otros días reniega de haberlo hecho. Por eso muchos instrumentistas han querido grabar varias veces las mismas obras en el transcurso de su vida. La creación está en perpetua evolución... Cualquier realización puede ser pronto superada. Los escritores, como artistas que son, viven con agudeza ese fenómeno creativo que les impulsa siempre más lejos: un libro, un disco pertenecen ya al pasado cuando llegan a manos de la gentes.

El disco microsurco ha falseado muchos puntos de vista. Cada cual se refiere a la interpretación que posee de una obra, sin parar mientes en si es valiosa musicalmente o en si existen otras versiones más fieles al texto y a su contenido expresivo. El intérprete se convierte en un mito que cae con gran frecuencia de su pedestal si tiene la desgracia de tener que actuar en carne y hueso, dando la cara ante un auditorio; el mito no resiste la confrontación de la realidad porque ésta se ha encarnado en un ser humano, con sus imperfecciones incluidas.

También ha deformado el disco el contacto entre la partitura y los músicos, al dejarse éstos influir desde el principio por la versión que conocen en lugar de basarse en el texto y sólo en el texto. El peligro es inmenso para los jóvenes profesionales porque en lugar de facilitar su trabajo, el disco se lo complica abarrotando su espíritu y su oído de recuerdos más o menos fieles que estorban una receptividad real; y porque, además, no todos los discos sobreviven a un profundo conocimiento de la partitura: buen número de ellos se derrumban como castillos de naipes al encararse con el texto original. Por el contrario, los que salen magnificados de la prueba pueden servir de referencia, imponiéndose por encima de cualquier crítica y colmando nuestra admiración y nuestra exigencia. Suelen llevar la firma de los maestros.

Por lo demás, el disco ha cambiado los modos de aproximar la música al pueblo. Antaño, el melómano se ejercitaba más o menos hábilmente sobre el instrumento de su elección: etapa tras etapa, intentaba escalar el camino que le condujera al descubrimiento y a la realización de una partitura. Es fácil imaginar su alegría cuando, tras horas de tanteos personales, lograra por fin oír la obra amada tocada en su plenitud por un gran intérprete. Su actitud ante la música era activa: iba hacia ella, con amor y respeto a la vez, empujado por un afán de descubrirla. Se desplazaba para oír a un artista, ponía empeño, interés, esfuerzo por su parte.

El «discófilo» moderno, por el contrario, vive pasivamente su emoción musical desde su confort interior. La música va a él, inmediata y perfecta, como una partecilla de su universo cotidiano; incluso llega a convertirse en una suerte de ruido de fondo sin savia, sin vigor, sin presencia real. Se ha perdido la noción de «participación».

Por supuesto, el disco puede presentar numerosos aspectos positivos: expansión de la cultura musical, posibilidad de conocer todo el repertorio acumulado a través de los siglos, libertad para escuchar música cuando y donde se quiera y, en fin, conservar obras e interpretaciones para las generaciones futuras. Mas tales aspectos positivos son testimonio de que se ha entrado en otra era de la cultura musical. Es cierto que los medios técnicos puestos a colación se justifican por esa nueva orientación: de una cultura individual o de grupos restringidos, se pasa a una cultura, a una difusión de masas. Tampoco en este caso puede escapar el arte a la impronta de su tiempo: por medio del disco se ha convertido la música en producto de consumo.

Como en otros muchos campos, hay que reconocer que ha pasado una época, y es responsabilidad nuestra utilizar oportuna y eficazmente ese formidable poder, poniendo —lo mismo que se hace para una buena interpretación— las nuevas técnicas al servicio del arte.

Cuanto más avance la técnica, más riesgo existe de alejarse de la vida en su misma esencia; ahora, por ejemplo, nos hallamos ante la extraordinaria realización del disco compacto: esa belleza, su sensación de inviolabilidad, la casi aparición de otro mundo... ¡Qué perfección! ¡Tan emotiva atmósfera de silencio! ¡La total desaparición de ruidos parásitos! Pero ¿dónde reina un silencio tan impresionante? No, por supuesto, en una sala de conciertos y mucho menos en el marco de nuestra vida ordinaria, ni siquiera en una ermita de alta montaña, puesto que todo se mueve y susurra y vive en la naturaleza: el mismo silencio es portador de vida. Todos sabemos que un silencio absoluto sería insoportable para el hombre y podría volverle loco.

Con el disco compacto nos alejamos, pues, de la vida en su realidad para bordear los límites de lo inhumano. Este silencio perfecto es, por otra parte, tan poco verosímil, que en la actualidad se están incorporando en los estudios de grabación ecos abstractos para hacer que renazca la vida... Después de haber matado la vida con la técnica, se intenta volver a crearla mediante artificios.

La técnica del disco compacto representa en sí misma una novedad sin precedentes, y muy sintomática de nuestra época: la intervención de la informática en la cadena de transmisión del sonido.

En tanto que el microsurco llevaba la huella de las vibraciones sonoras directamente reproducidas, por la lectura, el disco compacto es un soporte de señales informáticas que sólo un micro-procesador puede descifrar para reintegrarlas al campo vibratorio. La informática, que invade progresivamente nuestra vida —procurándole facilidades prodigiosas—, se ha adueñado del campo misterioso de la música y de la sensibilidad humana. ¿Hasta dónde llegaremos con el culto a la máquina? ¿Creemos que seremos capaces de dotarla de alma? Si nuestra civilización continúa renegando de toda fuente natural de creación y de realización, ¿no terminará tambaleándose?

En lo que concierne al disco, ¿no se podrían hacer grabaciones que nos alejaran menos de la realidad humana sin despreciar por ello las aportaciones técnicas de los últimos años? La concepción actual que con tanta frecuencia se fundamenta en la química más que en el arte, ¿no corre el riesgo de deformar entre los mismos oyentes la noción de lo que es la música, esto es, un aliento, un soplo de vida?

Podemos comprobar cómo nuestra época, dominada por los descubrimientos científicos y exigiendo a las máquinas que sustituyan al hombre, marca con el sello la parcela musical. No olvidemos nunca el origen del nombre: técnica, que procede del griego —*è technè*— y significa el ARTE. Técnica y arte están, pues, llamados a fundirse en una ósmosis creadora. No aceptemos, por tanto, separarlos y admitamos que la técnica mate al arte en lugar de servirlo.

Hay que denunciar urgentemente los perjuicios de tal confusión y devolver la técnica a su verdadero sitio, del que nunca debió salir: ser un simple medio que facilite la expansión y la transmisión del lenguaje musical. Porque no es la música —en el sentido corriente del término— lo que pone en peligro el disco, sino la vida en lo que tiene de espontánea, de renovadora incesante y de inmaterial.

Sería absurdo —es evidente— pretender ignorar las formidables conquistas técnicas actuales, pero no es menos absurdo utilizarlas a tontas y a locas, glorificándolas por sistema en detrimento del profundo valor expresivo de un texto.

La corriente destructora es impetuosa y, en ocasiones, hasta cuenta con respaldos oficiales, pero eso no es razón para impedir que se alcen muchas voces como testimonio de que existe otra corriente que arranca de una fe inquebrantable en la vida y en la música.

CONCLUSIÓN

La música es la vida

Quizá pueda parecer excesivamente sombrío el panorama descrito en el capítulo anterior. ¿Es concebible la muerte de la música cuando la simple unión de ambas palabras —música, muerte— suena como una blasfemia? La ofensa que nuestra civilización ha inferido a la música es una ofensa a la vida. Pero ¿se extrañaría alguien de que eso haya ocurrido en una época en que la humanidad, por primera vez en su existencia, tiene en su mano la posibilidad de autodestruirse totalmente, o donde los progresos de la genética permiten manipular la vida en formación?

En tales condiciones, la muerte de la música significa mucho más que la desaparición de este mundo sonoro encantado, de este universo de amor y de poesía; mucho más que el hundimiento de este continente sin fronteras en el que revolotean libremente las pasiones nobles del hombre. La muerte de la música podría ser el heraldo que anunciara el inconcebible acontecimiento que están preparando los desequilibrios y las faltas de armonía de nuestro mundo: la muerte de la vida...

Pero las fuerzas vivas de la música están tan próximas, tan fundidas incluso con las que rigen la vida, que pueden actuar como un torrente de luz hacia un nuevo horizonte de esperanza y de belleza.

Aunque sea aparentemente efímera, la música hunde sus raíces en la eternidad. En *Eupalinos o el arquitecto*, Paul Valéry la compara con la arquitectura, puesto que rodea totalmente al ser humano. Pero las arquitecturas del mundo sonoro, tan pronto se desvanece el último eco de la última nota, desaparecen como los palacios mágicos de los cuentos de las *Mil y una noches*. La partitura se vuelve a cerrar y sólo quedan en nuestras manos unas hojas misteriosas llenas de jeroglíficos. La interpretación musical es efímera por naturaleza y el intento —verdaderamente embriagador— de petrificarla, de dejarla plasmada en un grabación, es contrario a su misma esencia; porque la interpretación es un acto de amor entre el intérprete y la obra que él fecunda, pero su fruto sólo «vivirá» si es recibido por un auditorio de seres vivos y vibrantes unidos en y por la magia del instante. Sin embargo, hay que reconocer que el disco, sin duda, hará posible superar el carácter efímero de obras musicales que podrían desaparecer al mismo tiempo que las civilizaciones o culturas que las vieron nacer.

¿Qué conocemos de los músicos de Sumeria o del imperio inca?

Las grandes tragedias de Sófocles o de Eurípides eran auténticos dramas musicales, pero de la antigua música griega sólo han llegado a nosotros tratados teóricos y algunos textos ilegibles dispersos que un grupo de músicos ha intentado ensamblar recientemente. Pero no cabe duda que hubo personas que vibraron, se emocionaron y lloraron con aquellos acentos. Hubo creadores que supieron expresarse de manera sublime... y no ha quedado nada.

Más cerca de nosotros en el tiempo, también la música romana ha desaparecido, a excepción de un único compás.

Que la obra musical pueda ser perecedera no significa, sin embargo, que sea mortal. ¿Acaso se detiene la vida por el acabamiento del cuerpo en que se encarna? Sea cual sea la creencia filosófica o religiosa que se tenga, forzoso es constatar que el cuerpo humano no es más que un vehículo maravilloso e insignificante.

Del mismo modo, la obra musical es el soporte en el que se encarna la música. El compositor es admitido a participar en el fabuloso misterio de la creación y, aunque no modela con sus dedos mortales más que las formas de una obra perecedera, los materiales sagrados que maneja pertenecen al espíritu de la música y de la vida.

¿No es significativo que los primeros instrumentos empleados por el hombre hayan sido la voz y luego la flauta, y que ambos tengan sus raíces en el soplo? Y precisamente el soplo es símbolo de vida y de creación: la expresión «insuflar la vida», «soplar un aliento de vida», es buena prueba de ello.

Contemplada así, no se concibe la música como un simple efecto de la vida, como un fenómeno social y cultural, sino que se remonta a su mismo principio.

Un gran músico NO «HACE» música: ES músico. Cualquier intérprete inspirado conoce esa sensación de adaptar su respiración a las curvas musicales de la obra que toca e, incluso, de verse transportado al universo cósmico por determinadas músicas de eternidad.

Por otra parte, no sólo ha demostrado el hombre la relación de la música con la armonía universal en las obras musicales: ¿se sabe también, por ejemplo, que las proporciones geométricas de la bóveda de la catedral de Chartres recogen o integran los intervalos de la escala del primer modo gregoriano?

En la mitología griega la música pertenece a Apolo, dios de las fuerzas solares, de la luz, del pensamiento trascendido; pero Apolo no tendrá acceso a la plenitud y al ejercicio de su divinidad hasta que haya triunfado sobre las fuerzas subterráneas simbolizadas por la serpiente Pitón.

La creación del gran músico reproduce este itinerario. Sólo llega a alcanzar la expresión de lo sublime después de haber descendido a lo más profundo de las zonas tenebrosas de él mismo para encontrarse con el yo del impulso, con el yo instintivo y terrenal con el que deberá entablar un combate para salir vencedor.

Si lo consigue, su obra se construye a imagen del santuario de Delfos, balcón proyectado hacia la luz solar al borde de unos peñascos de los que brotan fumarolas procedentes de las profundidades telúricas.

Justamente ahí es donde se produce el más hondo encuentro entre la música y la vida: la unidad y la trascendencia.

La música de nuestra época y de nuestras civilizaciones modernas se aleja a veces de esta unidad, símbolo de vida. Música sabia, obediente a las leyes de la abstracción matemática o a las sutilezas electroacústicas, se dirige ciertamente a las zonas superiores del hombre —aunque no pasa de hablar a la inteligencia—, pero no desea beber en las fuerzas vivas de la personalidad humana.

El héroe de *Doctor Fausto*, de Thomas Mann, se perdía en la fascinación de los cuadrados mágicos y de los diagramas en los que creía que podría poner las obras de Bach. Mas por haber desafiado las fuerzas instintivas de la vida, cayó en la locura de una absoluta soledad interior. No se compromete uno impunemente con las alamedas ordenadas del orgullo intelectual: puede convertirse de repente en un desierto del que la vida esté ausente.

Ya Nietzsche reprochaba a la música de Wagner haberse alejado de la vida, y le oponía... las obras de Bizet. Sin embargo, si la vida puede parecer *a priori* más cercana a las pasiones humanas expresadas en *Carmen*, ¿no halla su dimensión total en la obra de Wagner, en la que infinitas ramificaciones mitológicas y musicales vinculan el mundo subterráneo al héroe terrenal y a su transfiguración?

El abrazo final del *Crepúsculo de los Dioses*, ¿no evoca la fusión de todas esas fuerzas para que emerja, sólo, el tema del amor?

El símbolo perfecto del poder de la música y del amor está concentrado en el mito de Orfeo: el músico actúa sobre las fuerzas mismas de la vida, encanta las montañas, los árboles, los riachuelos, los animales; la música despierta en ellos lo que les une a la creación. Pero Orfeo va más lejos aún, puesto que baja a los infiernos del reino de la muerte. Ahí está la evidencia del mito: la perfecta identidad de la música y la vida.

La música de mañana puede ayudar a que renazca todo lo que ha matado nuestra época. Bastará para eso con que los hombres y los músicos desciendan hasta las puertas del campo de cenizas que nos ha ido invadiendo poco a poco para que resucite la esperanza y de nuevo estalle la vida.

La responsabilidad del artista ha de acomodarse a ese proceso. Como los grandes médicos, que en lugar de erigirse en maestros de la vida se comportan como sus servidores, los músicos nunca llegarán a ser maestros si no se deciden ponerse al servicio de la música y la vida en un acto de amor universal.

ESTE LIBRO, PUBLICADO POR
EDICIONES RIALP, S. A.,
MANUEL URIBE, 13-15, 28033 MADRID,
SE TERMINÓ DE IMPRIMIR EN
ESTILO ESTUGRAF, S. L.,
CIEMPOZUELOS (MADRID),
EL DÍA 9 DE JULIO DE 2024.